中国陶寺遗址出土文物集萃

中国社会科学院考古研究所
临汾市旅游发展委员会　编著

天津出版传媒集团
天津古籍出版社

图书在版编目（CIP）数据

中国陶寺遗址出土文物集萃 / 中国社会科学院考古研究所，临汾市旅游发展委员会编著. -- 天津：天津古籍出版社，2018.7
ISBN 978-7-5528-0709-7

Ⅰ. ①中… Ⅱ. ①中… ②临… Ⅲ. ①文化遗址－考古发掘－山西②出土文物－介绍－山西 Ⅳ. ①K878.04 ②K872.25

中国版本图书馆CIP数据核字（2018）第146808号

责任编辑：赵　娜
整体设计：刘苡舒

中国陶寺遗址出土文物集萃

中国社会科学院考古研究所　临汾市旅游发展委员会/编著
出版人/张玮

天津古籍出版社出版
（天津市西康路35号　邮编300051）
http://www.tjabc.net

三河市冠宏印刷装订有限公司印刷
全国新华书店发行
开本 880×1230 毫米 1/16 印张 21.25
2018 年 7 月 第 1 版　2018 年 7 月 第 1 次印刷
ISBN 978-7-5528-0709-7　定价：320.00元

《中国陶寺遗址出土文物集萃》编委会

顾　　问：陈星灿　岳普煜　刘予强
主　　编：高江涛　李朝旗　闫建国
副 主 编：何　驽　李艾珍
编　　委：孙奋增　狄跟飞　张新智　许钦宝
　　　　　冯九生　张官狮　赵　欢　赵帆帆

目录

陶寺遗址出土器物综论　何驽　1

铜器　25

玉器　32

陶器　85

骨蚌器　223

石器　261

漆木器　305

附：陶寺遗址考古研究论著存目　315

后记　333

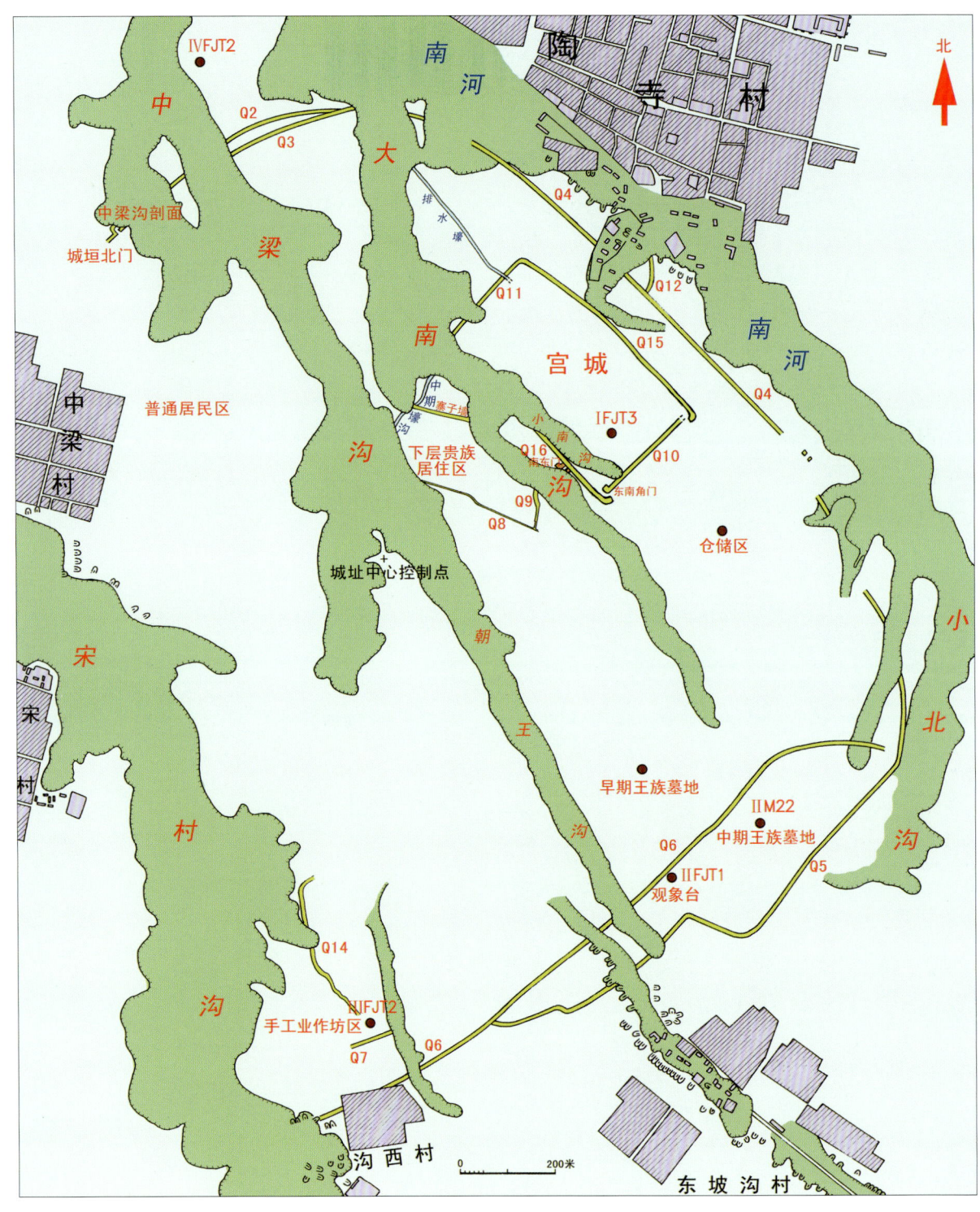

陶寺城址平面图

陶寺遗址出土器物综论

何努

自 1978 年至今，山西襄汾陶寺遗址的考古发掘与研究已历经了 40 个春秋，在不断获得重大国内外瞩目的考古成果的同时，也不断丰富着异彩纷呈的出土文物。据新近的可移动文物普查结果，陶寺遗址出土各类完整及可复原文物大约 5000 余件。从材质上可分为陶器、石器、玉器、铜器、漆木器、骨角蚌器几大类。功能上可大致分为礼器、日用器、工具、装饰品（包括极少量的陶艺制品）几类，基本可以反映陶寺作为尧舜之都兴衰的社会生产、政治、经济、精神生活的方方面面。

2018 年是陶寺遗址考古发掘 40 周年，中国社会科学院考古研究所山西队主编、山西省临汾市旅游发展委员会资助的《中国陶寺遗址出土文物集萃》，从 5000 余件陶寺遗址出土文物中，精选出 300 多件具有代表性的文物编辑出版，其中既包括《襄汾陶寺——1978—1985 年发掘报告》[1]所收录的部分精品，还包括 1999 年以来陶寺遗址发掘出土的典型器物；不仅以飨各界对陶寺遗址出土文物了解的需要，更希望有助于推动陶寺文化与陶寺遗址的各方面的研究。以下笔者试以《中国陶寺遗址出土文物集萃》收录的文物为基础，谈谈笔者多年来对于陶寺遗址出土文物的一些认识，以兹代序，并求教于方家。

一、陶器

陶器是陶寺遗址出土文物的最大宗，总体上分为日用陶器、彩绘陶器、陶质礼乐器、陶质建筑材料、陶质工具几类。

1978—1985 年陶寺遗址发掘，主要根据日用陶器，辨别出陶寺文化的基本面貌，建立起早、中、晚三期考古学分期年代框架[2]。

---

[1] 中国社会科学院考古研究所山西队、山西省临汾市文物旅游局：《襄汾陶寺——1978—1985 年发掘报告》，文物出版社，2015 年。
[2] 中国社会科学院考古研究所山西队、山西省临汾市文物旅游局：《襄汾陶寺——1978—1985 年发掘报告》，文物出版社，2015 年。

陶寺文化的日用陶器种类丰富，器物组合各期均有变化，从早期到晚期显示出渐变的主流过程。陶寺早期王族墓葬中，彩绘陶器主要流行于早中期，组合略有不同。晚期几乎不见彩绘陶。

（一）日用陶器

陶寺日用陶器主要出自居址和宫城内，礼制建筑内少有出土。早期王族墓地内的贵族墓葬，随葬数量不等的日用陶器，有与木器、玉石器、彩绘陶器等礼器配伍的意向。陶寺中期王族墓地贵族墓葬中，从残留的陶器看似乎没有随葬日用陶器。但是中期王族墓地毁墓堆积层中出土有日用陶器残片，不排除中期贵族墓葬原本也随葬少量日用陶器。陶寺观象祭祀台出土的日用陶器残片，陶质同墓葬出土彩绘陶，皆为低温陶，迥异于居住出土的同类日用陶器高温陶陶质，应主要用作祭器[1]。

陶寺日用陶器以灰陶为主，有很少量的红褐陶。早中期以夹砂陶为多，泥质陶略少；晚期则泥质陶多于夹砂陶。纹饰以绳纹为主，篮纹占有一定比例，素面陶器数量也较大，方格纹较少。早中期手制慢轮修整技术普遍，胎壁偏厚；晚期快轮技术明显增加，胎壁普遍变薄。

值得注意的是，宫城内出土的日用陶器，制作技术上普遍精于普通居址出土的日用陶器，甚至高于早期贵族墓葬中随葬的日用陶器。尤其是宫城内出土的精美的黑皮陶，据科学分析应当系人工合成无机涂层[2]，哑光似釉，既提高了陶器的视觉美观度，更增强了陶器防水性，显然是宫廷生活的高级日用陶器。这类陶器以盆、豆、盘等盛器为主，素面。

陶寺遗址出土泥质陶器中子活化分析结果显示，陶寺遗址日用陶器的使用，按照统治者贵族和被统治者平民阶级差别，分为两大阵营，从原料到工艺都存在着较大差别。此外，只有统治者贵族下葬才使用低温冥器。平民没有资格随葬陶器，墓中几乎空无一物[3]。中子活化分析对比了宫城、晚期宫殿废弃遗迹、早期下层贵族

---

[1] 中国社会科学院考古研究所山西工作队、山西省考古研究所、临汾市文物局：《山西襄汾陶寺城址祭祀区大型建筑基址2003年发掘简报》，《考古》2004年第7期；中国社会科学院考古研究所山西工作队、山西省考古研究所、临汾市文物局：《山西襄汾县陶寺中期城址大型建筑IIFJT1基址2004—2005年发掘简报》，《考古》2007年第4期。

[2] 鲁晓珂、李伟东、罗宏杰、何驽、李新伟：《陶寺遗址龙山时代黑色陶衣的研究》，《中国科学：技术科学》2011年第7期。

[3] 王增林、何驽：《陶寺遗址出土泥质陶器的中子活化分析与研究》，《南方文物》2014年第3期。

居住区（即早期外城）、中期王族墓地、大型仓储区等五个区域采集的样品，结论如下附表。

附表　陶寺泥质陶中子活化分析结论表

	宫城	晚期宫殿废弃	下层贵族区	中期王族墓地	大型仓储区
宫城	—	异	同	异	异
晚期宫殿废弃	异	—	异	异	同
下层贵族区	同	异	—	异	异
中期王陵区	异	异	异	—	异
大型仓储区	异	同	异	异	—

陶寺宫城与下层贵族居址区泥质陶不论时代差异，微量元素和痕量元素组成都存在共性，表明统治阶级日用陶器的一致性。结合宫城高等级陶器的分析，有理由认为陶寺统治阶级不论大小贵族，主流的日用陶器专门制作，等级较高。

晚期宫殿废弃遗迹出土陶器同早中期仓储区出土陶器，不论时间早晚差别，都代表陶寺普通居民的日用陶器，具有一致性，同宫城、下层贵族、中期王族墓地陶器微量元素和痕量元素组成迥异，表明平民使用的主流日用陶器另有制作来源。同贵族统治阶级使用的日用陶器的制作泾渭分明，等级差别明如观火。

陶寺中期王族墓地出土的日用陶器与其他四个区域的陶器皆不同，这表明中期王族墓地随葬的日用陶器是专门制作的随葬冥器，其微量元素和痕量元素组成与贵族和平民的世俗日用陶器不同。据钻探资料，陶寺城址的冥器或彩绘陶礼器的专业制作区，位于陶寺中期城址南部手工艺作坊区内的南部小城内[①]。

陶寺日用陶寺组合早中晚三期皆有所变化。

早期组合为釜灶、圈形灶、缸、斝、扁壶A型（图一·1—2）、小口折肩罐、高领罐、单耳罐、浅腹盆、折腹盆、圜腹盆、大口罐、豆、敛口折肩瓮、甑、钵，还有少量的鼎、鬶等。陶寺早期日用陶器主要文化因素来源有晋南庙底沟二期文化、少量关中

---

① 中国社会科学院考古研究所山西工作队、山西省考古研究所、临汾市文物局：《2010年陶寺遗址群聚落形态考古实践与理论收获》，《中国社会科学院古代文明研究中心通讯》第21期（2011年1月）。

图一 陶寺扁壶

1. 扁壶 A 型　　82JS62ⅣH448：26
2. 扁壶 A 型　　82JS62ⅣH448：30
3. 扁壶 B 型　　H2001
4. 扁壶　　　　2002JXTⅡoT8040H3：4

客省庄二期文化并结合本地文化因素，个性因素占主导地位[1]。

中期组合为釜灶、圈形灶、缸、斝、扁壶 A 型、小口折肩罐、高领罐、单耳罐、浅腹盆、折腹盆、圜腹盆、大口罐、豆、敛口折肩瓮。新出现扁壶 B 型（图一·3）、双耳

---

[1] 何驽：《陶寺文化谱系研究综论》，《古代文明》（第 3 卷），文物出版社，2004 年。

罐、圈足瓮、圈足罐、鬲、单耳小杯,标志着一个新时代的开始。特别是双鋬鬲和单把鬲的出现,表明北方肥足双鋬鬲对陶寺文化中期的强烈渗透。陶寺中期突然出现的双鋬肥足鬲,显然是老虎山文化小口肥足鬲与陶寺中期釜灶结合的产物,陶寺甚至发现了一件中晚期之际的肥足鬲裆部为"炮弹头"状尖底(图二·1),这是以石峁集团为代表的老虎山文化双鋬肥足鬲的典型做法。分裆双鋬鬲则与老虎山文化

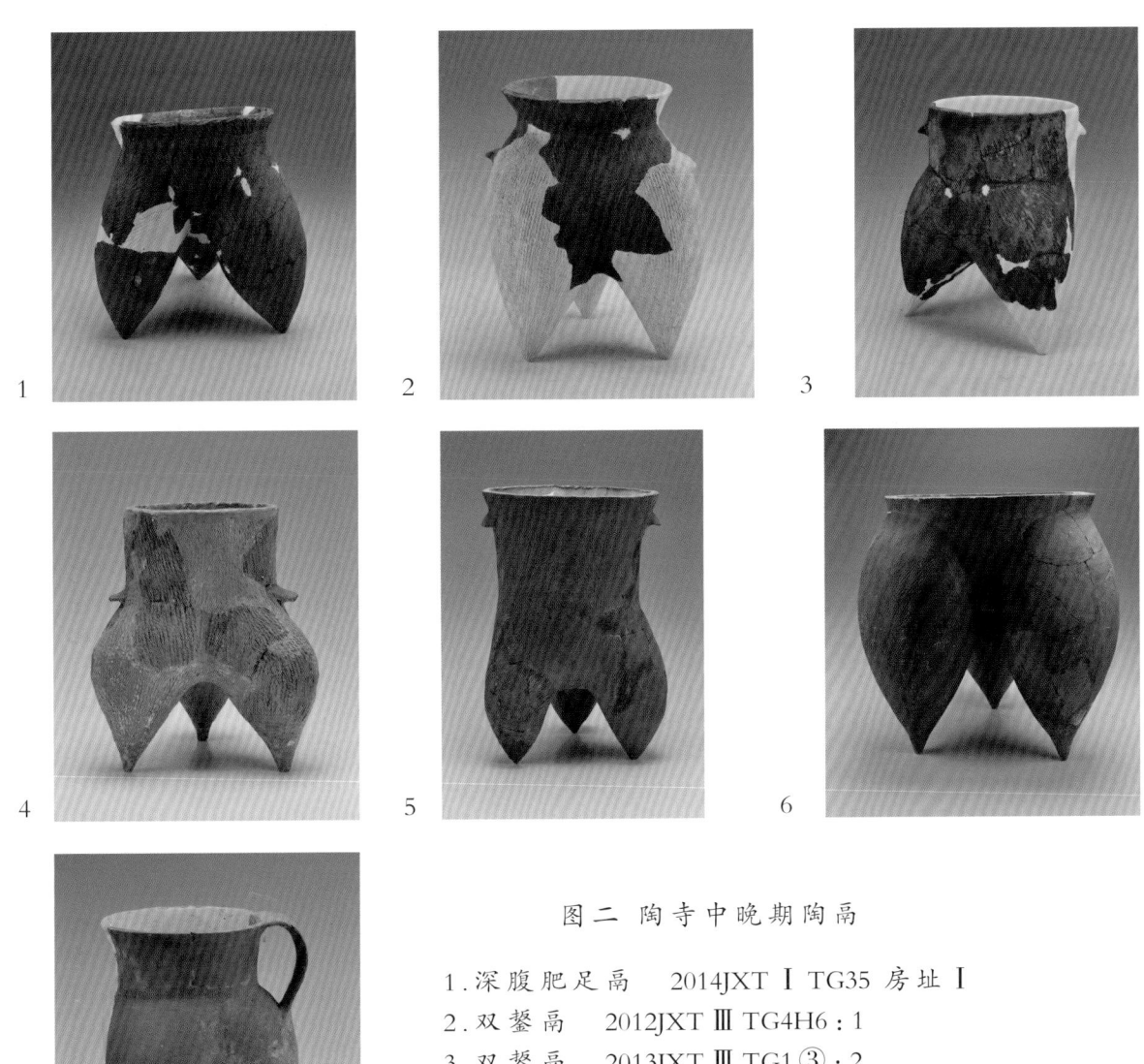

图二 陶寺中晚期陶鬲

1. 深腹肥足鬲　2014JXTⅠTG35 房址Ⅰ
2. 双鋬鬲　2012JXTⅢTG4H6：1
3. 双鋬鬲　2013JXTⅢTG1③：2
4. 鬲　H428：111
5. 筒腹鬲　84JS62T358H3421：1
6. 浅盆肥足鬲　78JS62H301：6
7. 鬶式鬲　2000JS62ⅡT2 东 H22①：1

杏花村类型的同类鬲有着十分接近的特征①（图二·2—4）。筒腹鬲则流行于北方地区（图二·5）。

陶寺晚期日用陶器组合为斝、扁壶B型（图一·4）、小口折肩罐、浅腹盆、圜腹盆、豆、敛口折肩瓮、圈足瓮、圈足罐、鬲，新出现侈口罐、深腹盆、甗、双耳三足杯。抛弃的组合有高领罐、扁壶A型、釜灶、圈形灶、缸、单耳罐、折腹盆、大口罐、双耳罐。新出现的器类与大为流行的浅盆形肥足鬲（图二·6）、鬶式单把鬲（图二·7）以及抛弃了的组合，标志着另一个时代的到来。这个时代的特点是鬲的强化，尤其是浅盆肥足鬲是中期深腹双錾肥足鬲的直接后裔，大行其道。敛口瓮口部和腹部有模仿石峁集团三足瓮的特征。敛口斝特征也与石峁集团敛口斝或敛口斝式盉②形制趋同，这些迹象都与陶寺晚期石峁集团对陶寺的征服后形成的殖民文化，有密切的关系。

（二）彩绘陶器

陶寺的彩绘陶器主要出土于陶寺早期和中期王族墓地的大贵族墓中。陶寺宫城内仅见涂朱砂的陶片，基本未见带有彩绘图案的陶器。陶寺晚期未发现贵族墓葬，因此未见彩绘陶器。

彩绘陶器的质地皆为泥质低温陶，但是器形规整，复杂纹样者装饰精美。

陶胎灰黑，外施黑衣，多以红彩为主要图案，白色补白，石绿色为辅衬或点缀。经科学检测，彩绘红色颜料为人工加工过的朱砂，白色为石灰③。所有彩绘都是在陶器烧制好之后，再画上去的。若着力擦涂，纹饰是可以蹭掉的。因此，陶寺的彩绘陶仅能用于随葬冥器，不能用于祭祀实用。彩绘陶技术传统很有可能是从大汶口文化传播来的④。

彩绘陶纹样大致分为两类。一类是简单的红色条带或太阳纹。红色条带纹一般

---

① 何驽：《对于陶寺文化晚期聚落形态与社会变化的新认识》，《新世纪的中国考古学（续）》，科学出版社，2015年，158—171页。
② 陕西省考古研究院、榆林市文物考古勘探工作队、神木县石峁遗址管理处：《陕西神木县石峁遗址皇城台地点》，《考古》2017年7期。
③ 李乃胜、杨益民、何驽、毛振伟：《陶寺遗址陶器彩绘颜料的光谱分析》，《光谱学与光谱分析》2008年第4期。
④ 中国社会科学院考古研究所山西队、山西省临汾市文物旅游局：《襄汾陶寺——1978—1985年发掘报告》（第三册），文物出版社，2015年，第1097页。

图三 陶寺遗址出土部分彩绘陶器

1. 大口罐　M2172:18
2. 簋　IIM22:15
3. 双耳罐　IIM26:5
4. 龙盘　M3072:6

饰于豆、大口罐口沿部位、大口罐和小口折肩罐与圆肩壶或罐的颈部。太阳纹一般饰于大口罐肩部，有完整的圆太阳纹（图三·1），也有半个太阳纹。另一大类是复杂的几何纹，包括窝云纹、红云纹（图三·3）等，主要饰于折腹盆或深腹盆、折肩壶等。少量为动植物纹，如盘龙纹（图三·4）、勾连花纹、立羽纹（图三·2）、苗叶纹等（图三·2）。彩绘条带、几何纹以装饰性功能为主。太阳纹、红云纹、涡云红日纹以及所有的动植物纹样，都应表达一定的象征意义。太阳纹、红云纹、涡云红日纹从日出观象的表象象征天，引申象征贵族的灵魂升天。动植物纹样则象征贵族的灵魂升天通神并转生[①]。故而陶寺的彩绘陶器主要用于早中期贵族墓葬随葬。

早期与中期彩绘陶器组合有明显的差别。

早期彩绘陶器组合为龙盘、大口罐、折腹罐、敛口折腹罐、小口折肩罐、细颈圆肩壶、折腹壶、大口折肩尊、瓶、折腹盆、双腹盆、浅腹盆、豆。

中期彩绘陶器组合大为简化,包括小口折肩罐、折沿浅腹盆、双耳罐、大深腹盆、簋、高领圆肩罐。盆类、簋均为单件下葬,罐类大多成对随葬。其中,双耳罐是陶寺中期新出现的器形,造型显然与齐家文化双耳罐有着密切的亲缘关系,唯陶寺彩绘双耳罐施彩绘纹饰。陶寺中期彩绘大深腹盆和簋也是新出现的器类,立羽纹成为商周时期青铜器上流行的地纹母题(图三·2)。

(三)陶质礼乐器

陶寺的陶质礼乐器仅有陶鼓、陶铃、陶埙。陶铃和陶埙仅见于居址。

陶鼓见于早期贵族一类大墓[②],部分陶鼓调音孔唇部及孔周壁涂朱,多与鼍鼓、特磬组合成礼乐器群,表明当时这些礼乐器的演奏,是组合配器的[③]。陶寺宫城的晚期堆积中,也能见到陶鼓残片,不能确定是陶寺晚期还在使用陶鼓还是从宫城早中期地层中扰动出来的早中期陶鼓残片。陶鼓无疑是陶寺早期社会上层在礼仪和宴饮场合使用的重要乐器。陶寺陶鼓的结构特征为小鼓口、大鼓腔、悬挂使用,鼓腔和底部有四个调音孔,使得陶寺的陶鼓不仅能表演节奏的打击乐,而且能够通过控制开合不同的调音孔,根据打击的节奏,组合出来不同的鼓鸣音色,形成最原始的击鼓旋律,比一般的单音只能打节奏的鼓在音色变化组合上,有了巨大的飞跃。陶寺陶鼓通过不同音色与节奏的组合,与利用鼓面泥钉调音的鼍鼓声调以及双音特磬声调相配伍,便可以组成比较原始的、有一定变化的打击乐旋律,比鼓、磬单独演奏的单一打击节奏有了极大的进步,能够更好地提升王权礼仪威风与宫廷宴饮的音乐奢华。

关于陶寺陶鼓的形制源头,可以在山西清徐都沟遗址第三期遗存 T103H10 中

[①] 何驽:《怎探古人何所思——精神文化考古理论与实践探索》,科学出版社,2015 年,334—343 页。

[②] 中国社会科学院考古研究所山西队、山西省临汾市文物旅游局:《襄汾陶寺——1978—1985 年发掘报告》(第二册),文物出版社,2015 年,629—632 页。

[③] 中国社会科学院考古研究所山西队、山西省临汾行署文化局、中国艺术研究院音乐研究所:《陶寺遗址出土乐器鉴定研究报告》,《襄汾陶寺——1978—1985 年发掘报告》(第三册),文物出版社,2015 年,第 1343 页。

找到，大致也为小口，长颈，罐形鼓腔，也有调音孔，鼓的细颈部也有红色彩绘遗留。发掘者认为都沟遗址 T103H10 出土四件陶鼓残片形制早于陶寺早期陶鼓，是陶寺早期陶鼓的重要源头①。其说可从。

陶寺的陶埙，采集自居址，虽然个头很小，通高仅 4.4 厘米，但是一个吹孔，两个按孔，经过测音，证实可以吹奏出宫、青角、'徵的三音列②。

陶寺的陶铃均出自早、中、晚三期居址的文化层、垃圾坑堆积、水井，甚至宫城城墙夯土地基内。陶铃形制不甚规范，个体不大，手工制作相对粗糙。其造型与陶寺晚期铜铃（合瓦形）非常接近，故判断为陶铃。但实际上陶铃的陶胎较厚，即使装上铃舌，也很难发出声，其使用功能确实值得怀疑。苦于没有更多的证据，暂时将其归入陶质礼乐器中。

（四）陶质建筑材料

陶寺出土的陶质建筑材料主要出自宫城，可分为陶板瓦、排水管和陶楔祖宗建筑构件。

陶板瓦以平行四边形为主（图四·1—2），少量直角梯形③。出土时考古存在背景关系主要是破坏陶寺中期核心宫殿建筑 IFJT3 基址的陶寺晚期垃圾坑④。经过理化分析，陶寺宫城出土的这些板瓦的理化性能皆能胜任陶瓦的功能⑤。新近陕西神木石峁皇城台出土过板瓦⑥，两侧起边脊似箕，延安芦山峁遗址也出土同类边脊板瓦⑦。均与陶寺平行四边形板瓦不类，但是更科学合理。因为边脊板瓦不需

---

① 山西省考古研究所、清徐县文物事业管理所：《清徐都沟遗址发掘简报》，《三晋考古》第三辑，山西人民出版社，2006 年，第 51、59 页。
② 中国社会科学院考古研究所山西队、山西省临汾行署文化局、中国艺术研究院音乐研究所：《陶寺遗址出土乐器鉴定研究报告》，《襄汾陶寺——1978—1985 年发掘报告》（第三册），文物出版社，2015 年，第 1340 页。
③ 何驽：《陶寺城址宫殿区发现的陶板功能试析——陶寺文化的陶瓦》，《中原地区文明化进程学术讨论会文集》，科学出版社，2006 年，265—276 页。
④ 中国社会科学院考古研究所山西工作队、山西省考古研究所、临汾市文物局：《山西襄汾陶寺城址 2002 年发掘报告》，《考古学报》2005 年第 3 期。
⑤ 李乃胜、何驽、毛振伟、王昌燧：《陶寺遗址出土的板瓦分析》，《考古》2007 年第 9 期。
⑥ 陕西考古研究院等：《陕西神木县石峁城址皇城台地点》，《考古》2017 年第 7 期。
⑦ 张佳：《芦山峁遗址发现瓦类建材》，《西安晚报》2018 年 1 月 23 日第 6 版。

图四　陶寺建筑材料

1. 板瓦正面　IHG8:69
2. 板瓦背面　IHG8:69
3. 地漏　IT5023H52:1
4. 排水管　78ⅢH301:4
5. 陶楔残件　IHG8③:47
6. 陶楔　ITG35③B

要穿孔固定，且与半筒状的筒瓦配合，解决接缝漏雨问题。而陶寺的板瓦必须另行用白灰浆勾缝解决漏雨问题。

陶寺宫城的陶排水管可分为地漏（图四·3）和排水管①（图四·4）。地漏是陶寺中期核心夯土建筑基址 IFJT3 夯土基础内发现的。发现时竖立埋在夯土基础里，封口朝上，腹壁有漏孔，所以推测为地漏。遗憾的是由于埋深过深，为了保护夯土基址，没有继续下挖，不知地漏下部是如何接陶排水管的。

陶寺的陶楔祖宗的建筑残件，以往在宫城内建筑基址的试掘过程中偶尔发现（图四·5），皆因过于残断而误判为疑似瓦当②。2015 年发现完整的陶楔摆放在地面，呈圆盘状（图四·6），故推测可能原本可以码放堆砌为祖宗象征建筑物③，堆砌在宫城内的祖庙前，是陶寺文化祖先崇拜的物证。

（五）陶质工具

陶寺陶质工具主要出土于居址和手工业作坊区，器类可分为制陶工具类、纺织工具类、陶筹类。

制陶工具是陶质工具中的大宗，包括陶垫、陶模、支垫等④。其中陶垫数量最大，形制也比较多样化。陶模主要是分裆鬲的内模。

纺织工具数量也不少，包括纺锤和部分纺轮，陶刀和匕形器用途不甚清楚，由于其陶质的硬度不高，所以也暂时归入纺织工具类。

陶筹类数量不多，器类有圆陶片（还包括部分混同纺轮的穿孔圆陶片）、小陀螺、陶仿贝、小陶球、有领环等，主要用于商品交换活动⑤。仿陶贝应当是珍贵的一般等价物子安贝的仿制品，如果真当作货币使用会造成市场货币流通的混乱，因此我们将其视为一种陶筹。陶寺遗址出土陶筹数量不多，这与陶寺遗址商品经济程度不高、自由市场交易不活跃有着密切关系。

---

① 中国社会科学院考古研究所山西队、山西省临汾市文物旅游局：《襄汾陶寺——1978—1985 年发掘报告》（第一册），文物出版社，2015 年，285 页。
② 何驽：《陶寺城址宫殿区发现的陶板功能试析——陶寺文化的陶瓦》，《中原地区文明化进程学术讨论会文集》，科学出版社，2006 年，265—276 页。
③ 何驽：《怎探古人何所思——精神文化考古理论与实践探索》，科学出版社，2015 年，343—347 页。
④ 中国社会科学院考古研究所山西队、山西省临汾市文物旅游局：《襄汾陶寺——1978—1985 年发掘报告》（第一册），文物出版社，2015 年，286—302 页。
⑤ 何驽：《怎探古人何所思——精神文化考古理论与实践探索》，科学出版社，2015 年，375—379 页。

(六)陶质装饰品与陶艺

陶寺遗址出土的陶质装饰品数量不多,皆出于居址。器类主要为陶环,形制多样,素面为主①。

陶艺类指除了陶器器身、錾、耳、把手等装饰性陶塑之外的陶塑艺术品,数量极少,皆出自居址。以鸟形象为主,且制作很难称为精致②。陶寺文化偶像崇拜极度压抑③,因此陶塑艺术一直没有起色。

二、石器与玉器

陶寺遗址出土的石器与玉器是仅次于陶器的大宗类。居址与墓葬均出石器和玉器,其中以石器为主,玉器中真正的软玉数量并不多。

从功能上,可将陶寺石器和玉器分为工具、武器、礼器和装饰品,但是具体器类上归入工具还是礼器,情况就比较复杂了,必须具体分析其考古存在背景关系来判定。

(一)工具类

陶寺遗址出土的石制工具数量很大。生产工具多用来自大崮堆山的变质砂岩(旧称角页岩),器类包括铲、锄、斧、锛、凿、楔、刀等,网坠、石球、纺轮、"钻盖"则用砂岩或泥岩。加工工具多用砂岩或石英砂岩为原料,器类包括砺石、石磨盘、石磨棒、锤、杵、钻等。餐厨加工工具有厨刀和鏊子两种,厨刀主要用变质砂岩,鏊子用砂岩或大理岩④。需要指出的是,厨刀在早期贵族墓中,参加礼器组合。早期一类甲型墓中随葬成套的石斧和石锛,可能也有礼器化的色彩⑤。

---

① 中国社会科学院考古研究所山西队、山西省临汾市文物旅游局:《襄汾陶寺——1978—1985年发掘报告》(第一册),文物出版社,2015年,298—299页。
② 中国社会科学院考古研究所山西队、山西省临汾市文物旅游局:《襄汾陶寺——1978—1985年发掘报告》(第一册),文物出版社,2015年,305—306页。
③ 何驽:《怎探古人何所思——精神文化考古理论与实践探索》,科学出版社,2015年,332—367页。
④ 中国社会科学院考古研究所山西队、山西省临汾市文物旅游局:《襄汾陶寺——1978—1985年发掘报告》(第一册),文物出版社,2015年,306—348页。
⑤ 中国社会科学院考古研究所山西队、山西省临汾市文物旅游局:《襄汾陶寺——1978—1985年发掘报告》(第二册),文物出版社,2015年,716—727页。

陶寺遗址早中晚三期，都存在着较大规模的石器制造业[1]，因此除了出土大量的石制工具，还出土更大量的石器加工过程产品如打制废片和半成品[2]。

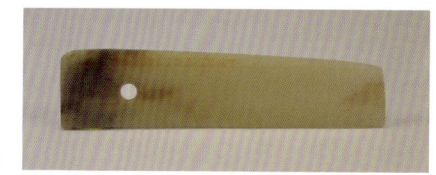

图五　陶寺出土圭表测量玉石工具配件

1．游标　ⅡM22：129
2．垂悬　ⅡM22：128
3．景符　ⅡM22：23
4．游标　81M3174：2

陶寺遗址出土玉石工具类中有一种比较另类的工具，那就是圭表测量使用的配件——游标、垂悬和景符。陶寺中期王墓ⅡM22出土一套圭表测量配件工具，都是软玉的。游标为去掉射口的玉琮改制的（图五·1），用于在圭尺上追逐日影；垂悬从双孔玉戚转变使用功能而来（图五·2），用于校正立表垂直；景符也由单孔玉戚转变使用功能而来（图五·3），用于小孔成像法精确表端日影在圭尺上的位

---

[1] 翟少冬、王晓毅、高江涛：《山西陶寺遗址石制品及相关遗迹调查简报》，《考古学集刊》第19集，科学出版社，2013年，1—26页。
[2] 严志斌：《陶寺文化石制品研究》，《二十一世纪的中国考古学》，科学出版社，2006年。

置[①]。81M3174：2 石制游标（图五·4）虽然下葬时套在女性墓主的右肘上[②]，参考 IIM22：129 游标的功能，推测其最初原本有可能是作为游标使用的。

陶寺遗址还出土极少量的燧石细石叶工艺加工的切割器，很可能从石峁集团舶来，非本地生产。

（二）石制武器类

石制武器主要有石钺和石镞两大类，竖柄刀 T393④B：7 很可能是战斧[③]，但仅见一例。在早中期贵族墓葬中，也参加礼器组合。

笔者曾经在翟少冬博士研究的基础上分析认为，陶寺遗址大规模的石器工业中的主打产品为石镞，而不是农具和木作工具，是工官管理的"国企军工石器工业"即"计划经济体制内的商品生产"，用来自大崮堆山的坚韧的特殊变质砂岩，生产出来的棱脊穿甲镞和片叶状镞，除了武装陶寺城址自身之外，其余大量剩余产品主要用于"出口贸易"。所以陶寺遗址内部发现石镞数量并不惊人。而另一方面，陶寺穿甲镞以其优越的穿透性能、片叶镞以其优越耐用性，在军用商品市场中更易占得先机[④]。正是由于陶寺穿甲石镞工业在陶寺社会政治经济生活中的特殊地位，因而在陶寺早期贵族墓葬中也参加玉石礼器组合。

（三）玉石礼器类

陶寺遗址玉石礼器主要见于早中期墓葬，居址和观象祭祀台内零星出土。晚期墓葬仅见一例。陶寺文化与玉礼器共存的大量仿器的石器，其功能也值得关注。从总体上看，以陶寺早期王族墓地为例，1019 件玉石器中，透闪石软玉仅占 9.6%，半玉 0.6%，更多的似玉美石即假玉约占 42.5%，其他磬、铲、斧、锛、镞等为其他石材类，约占 45.6%。总之，陶寺文化软玉比例偏低。假玉器类除项饰、头饰、指环等

---

① 何驽：《怎探古人何所思——精神文化考古理论与实践探索》，科学出版社，2015 年，131—134 页。
② 中国社会科学院考古研究所山西队、山西省临汾市文物旅游局：《襄汾陶寺——1978—1985 年发掘报告》（第二册），文物出版社，2015 年，707—709 页。
③ 中国社会科学院考古研究所山西队、山西省临汾市文物旅游局：《襄汾陶寺——1978—1985 年发掘报告》（第一册），文物出版社，2015 年，第 327 页。
④ 何驽：《陶寺遗址石器工业性质分析》，《三代考古》（七），科学出版社，2017 年，448—459 页。

装饰品外，主要为钺、璧、琮、梳，都应是同类玉器的仿品①。因而可将陶寺玉石礼器视为一个整体。

陶寺王族墓地玉石礼器组合早期和中期的差别还是比较明显的。

陶寺早期贵族墓葬玉石礼器基本组合为石钺或玉钺、厨刀、磬、镞，各墓具体组合略有差别。个别墓葬增加玉圭。至于石斧、锛、石磨盘和石磨棒是否加入玉石礼器组合，尚不好确定。

石磬4件，出自4座早期一类甲型大墓中，其中3件与鼍鼓配伍，1件与陶鼓配伍，形成礼乐器组合。石磬除M3072∶10残磬外，其余3件皆以大崮堆山变质砂岩为原料。大崮堆山曾经采集到石磬坯②。经科学测音，M3002∶6磬为单音，其余3件磬皆为双音③，表明陶寺大墓石磬的制作工艺水平已达到很高程度。双音石磬的音调变化，也为磬鼓音乐原始旋律增色不少。

陶寺中期玉石礼器基本组合变为钺、璧、戚、璜或璜形珮。软玉质礼器数量比早期大为增加。2017年10月杜金鹏先生负责的"全国出土玉器数据采集项目"对陶寺中期玉石31件样品做了红外、拉曼光谱和X射线检测，判定为透闪石软玉者11件，约占检测总数的35.48%。其余样品为大理岩、绿松石、蛇纹石、天河石等假玉美石，厨刀为硅质岩。

新出现的玉石璧形制多样，包括联璜璧（或称复合璧）、牙璧（或称璇玑）、有领璧。IIM22出土的玉兽面（战神蚩尤像），从江汉平原肖家屋脊文化舶来，也可能仅参与了IIM22王墓的玉石礼器组合。石厨刀也仅见于IIM22王墓玉石礼器组合。

陶寺中期新出现的玉琮功能以手镯为主，多出自墓主的臂部。少部分琮如I-IM22∶129则作为圭表测量的游标。因此总体上说玉石琮并不作为陶寺中期的礼器。诚然，陶寺中晚期墓葬的玉石璧也常常套在墓主的臂部，那是因为玉璧在华西系玉器系统中原本作为玉币套在手臂上携带行为的孑遗使然，云南晋宁石寨山出土的骑马小人铜雕塑中，就有手套玉币的形象（图六·1）。而且陶寺IIM22和IIM26玉璧盖在彩绘小口折肩罐口上的行为（图六·2—3），显然是出于宗教信仰目的，不是装饰，因此我们判定玉石璧在陶寺中期玉石礼器组合中扮演核心角色。

---

① 中国社会科学院考古研究所山西队、山西省临汾市文物旅游局：《襄汾陶寺——1978—1985年发掘报告》，（第二册），文物出版社，2015年，669—670页。
② 陶富海：《山西襄汾大崮堆山发现新石器时代石磬坯》，《考古》1988年第12期。
③ 中国社会科学院考古研究所山西队、山西省临汾市文物旅游局：《襄汾陶寺——1978—1985年发掘报告》，（第三册），文物出版社，2015年，1341—1342页。

图六　陶寺小口折肩罐口玉璧与石寨山套璧铜人雕像

1. 石寨山套璧铜雕像
2. IIM22　小口折肩罐口部玉璧
3. IIM26　小口折肩罐口部玉璧

陶寺玉石礼器当中，石制礼器以本地制造为主，材质以大崮堆山变质砂岩为主。关于陶寺玉器主要是软玉礼器的来源，一直未能达成共识。以朱乃诚先生为代表的部分学者，认为陶寺文化玉器对齐家文化有重要影响，尤其是玉璧和玉琮传统。但是陶寺中晚期的玉璧和玉琮有可能是齐家文化的产品[①]。高江涛先生认

---

① 朱乃诚：《齐家文化玉器所反映的中原与陇西两地玉文化的交流及其历史背景的初步探索》，《2015 中国·广河齐家文化与华夏文明国际研讨会论文集》，文物出版社，2016年，161—177 页。

为联璜璧是晋南地区包括陶寺文化和清凉寺墓地原创的,向北影响石峁然后影响扩展到齐家文化①。邓淑苹先生虽然没有直接讨论过陶寺文化玉器从何而来,她指出,清凉寺玉器是史前东、西二系"璧、琮文化"的会师,且以齐家文化玉器文化为主体②。

笔者从陶寺文化玉器的原料、纵剖工艺行为特征、制玉遗存等几个方面来分析认为,陶寺的玉器主要是通过与石峁集团经济贸易得到的。

笔者通过分析,认为陶寺玉器的考古分期难以明确判断陶寺文化玉器的来源,从玉料来源的角度分析,显得更为重要。闻广、荆志淳先生对陶寺文化33件玉器做了检测分析,认为陶寺文化的玉器原料主体为镁质大理岩类软玉,但迥异于新疆昆仑软玉,应当另有来源③。从肉眼观察,陶寺文化玉器玉质特征接近甘肃闪石矿源"马鬃山"和"马衔山",内部呈毛毡状纤维交织组织,半透明或微透明,朦胧乳质感较强,粒度比较细腻;颜色有白色系、黄色系、绿色系、青白色系、青花、糖色、铁分子侵入所致"松枝沁"等④。典型者如陶寺IIM22:9玉戚(图七·1)的"松枝沁"、IIM22:131玉璜形珮白玉及糖色沁(图七·2)、IIM22:128玉戚垂悬糖色玉(图七·3)、IIM22:2玉戚青色玉(图七·4)等⑤。

而陶寺文化玉器中,M2035:20玉钺、M3032:2玉圭都具有布丁石构造⑥,I-IM22:18玉璧(图七·5)、IIM22:6玉钺(图七·6)等⑦也有明显的布丁石结构。根据勘察发现,甘肃临洮的透闪石玉矿具有布丁石特征⑧。

---

① 高江涛:《陶寺遗址出土多璜联璧初探》,《南方文物》2016年第4期。
② 邓淑苹:《从黄道、太一到四灵》,《古玉新释——历代玉器小品文集》,台北故宫博物院,2016年,65—71页。
③ 中国社会科学院考古研究所山西队、山西省临汾市文物旅游局:《襄汾陶寺——1978—1985年发掘报告》,文物出版社,2015年,1243—1254页。
④ 丁哲:《甘肃闪石玉与"玉石之路"》,《大众考古》2017年第2期。
⑤ 中国社会科学院考古研究所山西队等:《陶寺城址发现陶寺文化中期墓葬》,《考古》2003年第9期。
⑥ 中国社会科学院考古研究所山西队、山西省临汾市文物旅游局:《襄汾陶寺——1978—1985年发掘报告》(第三册),文物出版社,2015年,1252—1253页。
⑦ 中国社会科学院考古研究所山西队等:《陶寺城址发现陶寺文化中期墓葬》,《考古》2003年第9期。
⑧ 丁哲:《甘肃闪石玉与"玉石之路"》,《大众考古》2017年第2期。

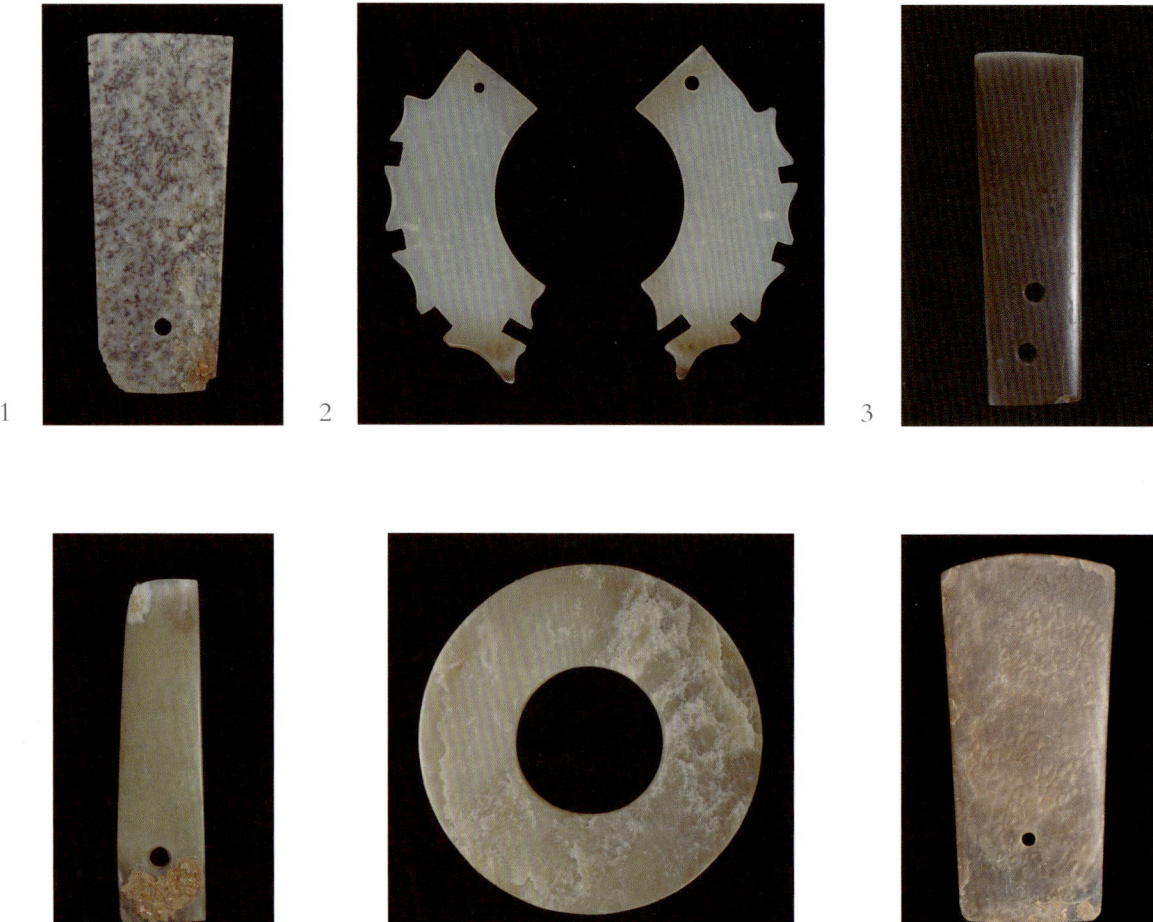

图七 陶寺遗址玉器材质特征

1. 玉戚　ⅡM22∶9
2. 玉璜形珮　ⅡM22∶131
3. 玉戚垂悬　ⅡM22∶128
4. 玉戚　ⅡM22∶2
5. 玉璧　ⅡM22∶18
6. 玉钺　ⅠM22∶6

笔者倾向于认为陶寺文化玉器的玉料来源，主要是甘青地区，具体说是齐家文化控制的甘肃马鬃山和马衔山玉矿以及临洮的布丁石闪石矿。鉴于齐家文化玉币中存在较多的玉料包括玉芯，陶寺文化玉器中极少玉料，不见玉芯。笔者同意朱乃诚和孙哲的推测，陶寺文化玉器并非本地制作，多数玉器的原产地有可能是齐家文化①。但是，这并不意味着陶寺文化的玉器直接从齐家文化输入，其中经过了石峁集团作为贸易中介。石峁集团玉币纵剖行为以及厚度接近陶寺文化而区别与齐家文化的特点，使石峁集团玉币流通中心特征初露端倪。

陶寺文化玉器与石峁集团玉币均存在同样的半剖现象，二者厚度特征比较接近。经统计，陶寺文化80件玉器（包括下靳墓地玉器）厚度在0.5厘米以下者可达58.75%。也就是说，陶寺文化玉器普遍偏薄。比较接近石峁集团玉器厚度特征。石峁集团玉币厚0.5厘米以下者总体可占77.78%，说明石峁集团的玉币普遍偏薄。这种现象很可能与石峁集团大量纵剖来自齐家文化玉币，凭空多发行玉币有关。这相当于"将1元钱变成两个1元钱即虚增1元"，从金融学的角度说就是增加货币的发行量或虚增个人的货币持有量②。

通过上述分析，可以认为陶寺玉礼器的初始来源主体是石峁集团，很可能是通过经贸交换得到，首先是作为玉币输入陶寺文化的，进而有一部分玉币在陶寺文化中为政治与宗教服务，退出流通领域，转化为玉礼器。

（四）玉石装饰品

陶寺出土的玉石装饰品种类包括梳、笄、组合头饰、项链、手镯、绿松石镶嵌腕饰、指环、指套等。其中以组合头饰（俗称步摇）和绿松石镶嵌腕饰制作工艺最为复杂③。李延祥团队对陶寺M3168、IIM22和IIH30出土的8件绿松石嵌片进行了TIMS及铅同位素、锶同位素检测，进行产地分析，结果IIH30绿松石片有可能来自湖北竹山喇嘛洞矿源，M3168的1个样本很可能来源于白河白龙洞矿源，其余6个样本皆为未知矿源，且信号特殊，表明陶寺绿松石矿源多样化④。

玉石梳子7件，出自7座墓中，其中4座为男性墓主。这7件玉石梳子，软玉1件，似玉或称假玉美石6件，虽与玉石璧、钺、琮同出，但是有6件出自墓主的颅骨上方或后方，显示有可能与玉石琮一样具有用器功能，具体说以头发装饰或头发修

---

① 朱乃诚：《齐家文化玉器所反映的中原与陇西两地玉文化的交流及其历史背景的初步探索》，《2015中国·广河齐家文化与华夏文明国际研讨会论文集》，文物出版社，2016年，第173页。
② 何驽：《中国史前奴隶社会考古标识的认识》，《南方文物》2017年2期。
③ 中国社会科学院考古研究所山西队、山西省临汾市文物旅游局：《襄汾陶寺——1978—1985年发掘报告》（第二册），文物出版社，2015年，755—796页。
④ 李延祥、张登毅等：《山西三处先秦遗址出土绿松石制品产源特征探索》，《文物》2018年第2期。

理功能为主，不一定加入礼器组合。仔细分析这些玉石梳子的造型，梳子背过大，梳齿体过短槽过浅，齿凸部平刃，齿凹部V形刃（图八·1），从力学的角度看不适于梳理头发，也不适于插在发髻中作为冠饰，因为齿体过短梳背过重而插不住，却更适于同燧石小刀（图八·2）配合修剪打理头发，犹如今天理发推剪的刀片（图八·3—4）。

1

2

3

4

图八　陶寺疑似打理头发工具与理发推剪底刀片

1. 石梳　　M1364:2
2. 燧石小刀　2017Q10H231 出土
3. 今天理发推子底刀片外面
4. 今天理发推子底刀片内面

三、铜器

迄今为止陶寺遗址出土了5件红铜铸造制品,铜铃和铜齿轮形器(朔望月小轮)出土于陶寺晚期小墓中;铜环出自陶寺中期王族墓地晚期捣墓回填土层中;铜盆口沿出自宫城内核心宫殿建筑 IFJT3 前殿夯土基础内,时代为陶寺中期;铜蟾蜍出自宫城东北角门北城墙 Q15 的陶寺晚期破坏界面上。从总体上说,陶寺铜器很可能都是宗教礼仪用品[1],也构成了黄河流域史前铜礼器群,并在中国冶金史上竖立起一个里程碑——标志着青铜时代之前一个短暂的红铜铸造时代的存在,是中国青铜铸造时代与青铜礼器文明的先声。

四、漆木器

陶寺的漆木器主要出自陶寺早中期大贵族墓中,基本上都是礼器和礼乐器。早期以彩绘木器为主,中期以漆器为主,是黄河流域史前最丰富的漆(木)器群。早期与中期漆木器组合有较大差别。

(一)陶寺早期彩绘木器

早期彩绘木器组合为方案、圆案、俎、长方形平盘、盘、大型木豆、豆、高柄豆、盆、斗、枓、碗、杯、觚、仓形器、桶形器。乐器有鼍鼓。M2200 出土红彩木胎立表1根[2]。案与俎可以构成中国史前现存最早的家具类木作。

其中高柄豆高柄高底座,所谓豆盘极浅,容积极小。笔者怀疑其功能很有可能是用苞茅在其外部捆扎成草把子,象征祖先至上神的偶像,用斗、枓、碗、杯、觚酒器等灌之以鬯酒,苞茅草把子吸收酒液,少部分留存在"浅盘"内,表明"帝"享用了鬯酒即"缩酒",这便是文献中所谓的"祼禘礼"[3]。

M2108 木案上摆放着3件木觚、2件木杯、1件木斗,可能构成一套完整的饮

---

[1] 何驽:《怎探古人何所思——精神文化考古理论与实践探索》,科学出版社,2015年355—359页。
[2] 中国社会科学院考古研究所山西队、山西省临汾市文物旅游局:《襄汾陶寺——1978—1985年发掘报告》(第二册),文物出版社,2015年,636—666页。
[3] 丁山:《中国古代宗教与神话考》,上海文艺出版社,1988年影印版,第183页。

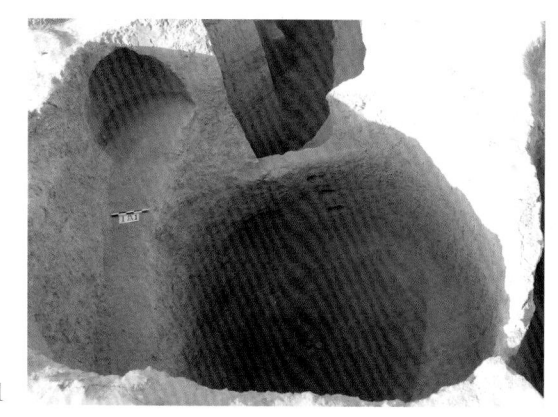 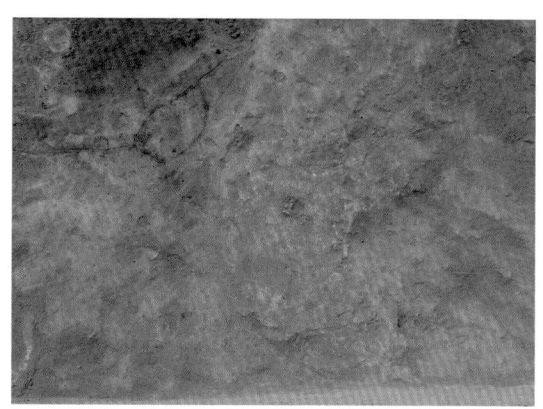

图九　陶寺早期仓储区窖穴 IJX6 及其岗亭遗迹

1. 窖穴　JJX6
2. IJX6　出入口门洞顶部地面的岗亭白灰面

酒或裸禘祭祀酒器组合。

　　仓形器造型奇特,在一类大墓中往往多件成组摆放,却常仅配 1 件骨匕。发掘者认为其外形似仓廪,故暂名之"仓形器",但认为其功能为某种食器之模型[①]。按理说,食器完全可以制成陶器或木器来下葬,全无必要做成木质的实心疙瘩来象征。于是卫斯先生提出"仓形器"为纺织器械说[②]。我们认为,骨匕还用来吃饭的,仓形器应该与粮仓有关。陶寺早中期仓储区,空间上相对独立,管理上由政府或王权直接控制,应是国库。其形制为锅底形竖穴坑状,无墙有苫顶,带螺旋形坡道(图九·1)。把守窖穴出入口门洞的地面上,曾发现残留的岗亭白灰面(图九·2),直径约 1 米左右,刚好站一个人。因此,笔者推测陶寺早期大墓里随葬的成组的"仓形器",很可能是把守粮仓的岗亭模型。仓形器立面的三个竖"龛"就是三个便于观察守望的三个门户。国库粮仓既是国家行政管理的核心设施之一,也是王权经济核心要素之一,国库岗亭模型实质上是国库管理权力的标志物,是表达王权的礼器之一。

[①] 中国社会科学院考古研究所山西队、山西省临汾市文物旅游局:《襄汾陶寺——1978—1985 年发掘报告》(第二册),文物出版社,2015 年,第 661 页。
[②] 卫斯:《陶寺大墓中出土的"仓形器"名实浅说》,《中国文物报》2003 年 11 月 28 日第 7 版。

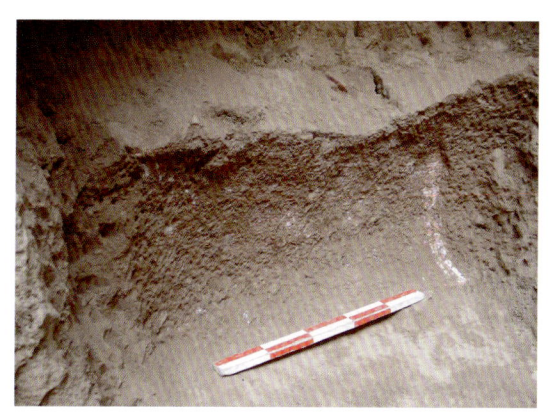 

图十　IIM22 大漆箱及其漏斗形器

1. IIM22　大漆箱
2. IIM22　大漆箱内的漏斗形器

（二）陶寺中期漆器

陶寺中期漆器集中出土于中期王墓 IIM22 内，组合为箱、豆、盒、漏斗形器、钺把、弓、脸盆架、砧板、漆柷乐器和漆圭尺。葬具有棺。

彩绘大漆箱内清理出 5 件彩漆漏斗形器（图十·1~2），笔者怀疑其功能为"盘古沙漏"[1]。北京文博文化事业发展研究中心复原实验，初步验证了其作为沙漏的可行性，但是具体的操作流程仍在研究探索中。预计在不久的将来便会得出研究结论。

五、骨蚌角器

陶寺出土的骨蚌角器不很丰富，居址和墓葬均有一定数量出土。

蚌器主要是装饰品，包括项饰、腕饰、指环等。武器只有蚌镞一种。

角器主要是鹿角，器类为镞、大挂钩。鹿角三棱镞集中出自中期王墓 IIM22 南壁上，去掉箭杆，放置在方形布包（箭箙）内，与折断的弓为伍，表达"櫜弓矢以伏天下"的"次政"理念[2]。鹿角材质以其坚韧特性，增强了三棱角镞的杀伤力，坚韧的性能优于骨镞。

---

[1] 邓学忠：《盘古沙漏及其演变》，《华夏文明》2017 年第 3 期。
[2] 张正烺：《马王堆帛书〈周易〉经传校读》，中华书局，2008 年，3054—3055 页。

骨器大致可分为工具、武器、装饰品和卜骨四大类。

工具类有耒（即铲）、耜、凿、匕、针、锥。IIM26 陶寺中期中型贵族墓随葬 1 件骨耜，异化为表明农官墓主职官身份的礼器，郑重其事摆在首龛内。骨耜上刻"辰"字，即"農"字初字[1]。

骨器武器只有骨镞一种。

骨质装饰品包括簪、发卡、梳等。

卜骨有牛或鹿肩胛骨，一般经过简单整治，个别牛肩胛骨灼点处有预先挖浅窝的痕迹，多数灼点只灼不凿钻。

以上是迄今为止，笔者对陶寺遗址出土文物的一些粗浅的功能推测认识，肯定存在许多疑问与问题，有待今后发掘更多更丰富的新资料来检验与修正。但无论如何，现有的出土文物，已经使陶寺都城遗址的物质与精神生活的某些方面"小荷才露尖尖角"，已有《中国陶寺出土文物精粹》"落上头"。

---

[1] 何驽：《陶寺遗址 IIM26 出土骨耜刻文试析》，《考古》2017 年第 2 期。

铜器

中国陶寺遗址出土文物集萃

铜齿轮形器 2001M11 出土
外圆直径 11.4cm　内圆孔径约 7.8cm　外边厚约 0.2cm　内边缘厚约 0.26cm

铜 器

铜蛙 2013JXTITG35 西扩③A 层（正面）
长 5.5cm 宽 4cm

铜蛙 2013JXTITG35 西扩③A层（背面）

铜 器

铜残片 IFJT3 夯土中出土
口沿残宽 3.5cm　口沿残余弧长 3.7cm　残高 4.1—4.4cm　厚 0.2cm

铜环 ⅡT7464③层出土
外径 4.6cm　内径约 3.9cm　厚约 0.3cm

中国陶寺遗址出土文物集萃

铜铃 M3296∶1

铃高 2.65cm　顶部长对角线 5.1cm　短对角线 2.2cm　口部长对角线 6.3cm
短对角线 2.7cm　顶部厚约 0.11cm　周壁最厚处 0.28cm　顶部圆孔直径 0.25cm

玉器

中国陶寺遗址出土文物集萃

玉钺 02JXTⅡT7254④A（大红花土）：1
长 8.9cm　宽 7.9cm　厚 0.4cm

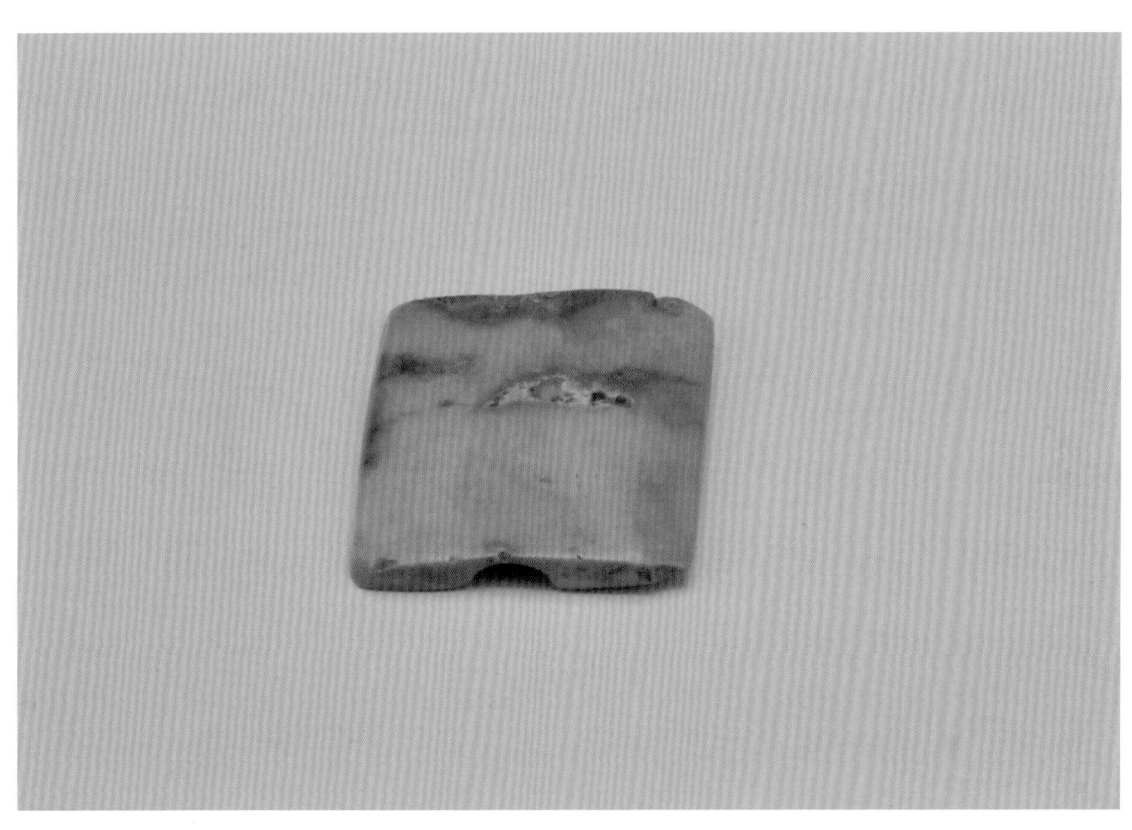

绿松石片饰 02JXTⅡT7254M22:24
长 2.3cm 宽 2.2cm 厚 0.25cm

绿松石管饰 02JXTⅡT7254M22:58
长 1.6cm 宽 1.3cm 厚 0.6cm

绿松石管饰 02JXTⅡT7254M22:82
长 1.9cm 宽 1.1cm 厚 1cm

绿松石管饰 02JXTⅡT7254M22:87
长 2cm 宽 1.1cm 厚 0.6cm

玉钺 02JXTⅡT7254M22 东壁:1
长 12.4cm 宽 5.7cm 厚 0.7cm

中国陶寺遗址出土文物集萃

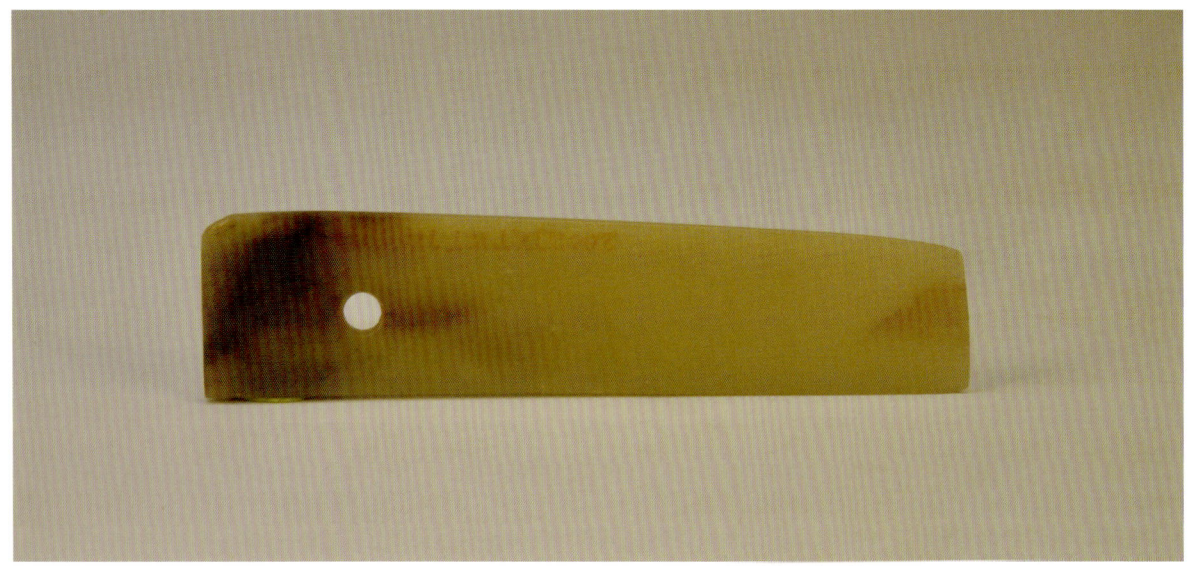

玉戚 02JXTⅡT7254M22 南一龛 M22：22 内：23
长 14.1cm 宽 3.4cm 厚 0.4cm

玉器

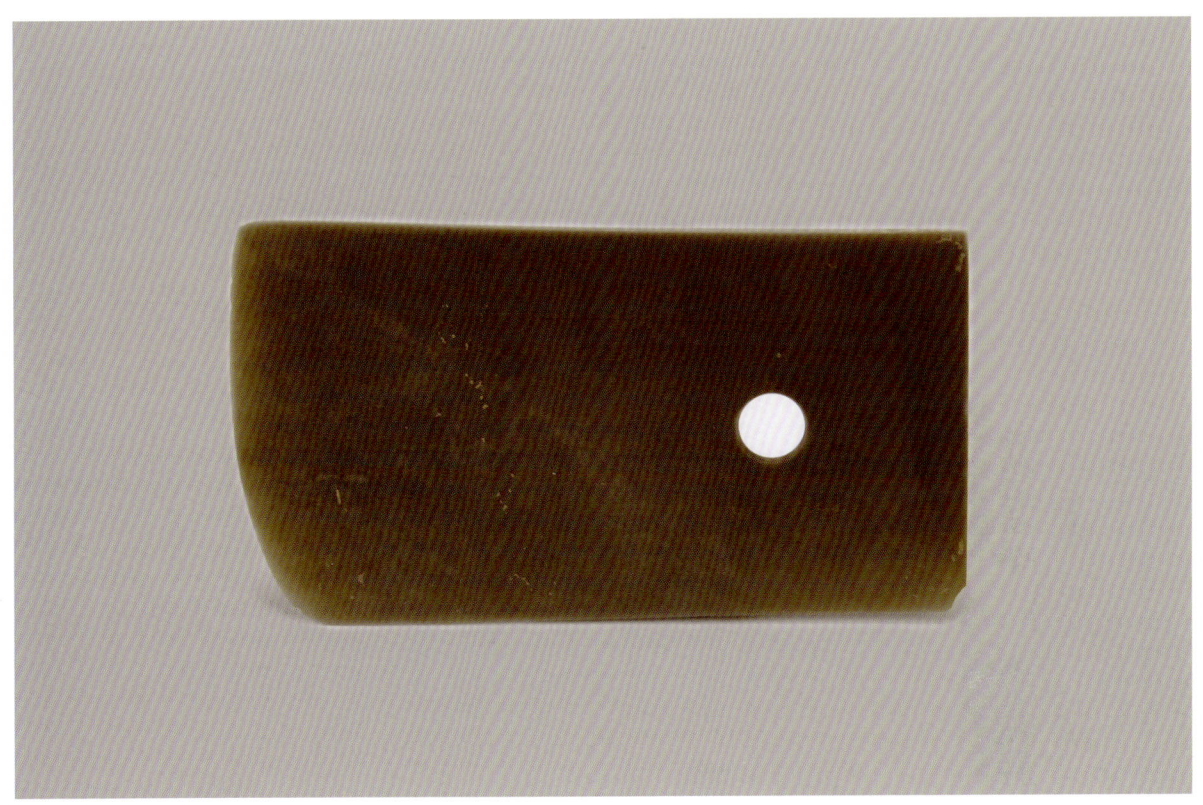

玉钺 02JXTⅡT7254M22 扰坑：3
长 12.5cm 宽 7.1cm 厚 0.15cm

玉管 02JXTⅡT7254M22 扰坑：7
长 2.5cm 宽 1.4cm 厚 1.2cm

玉器

玉钺 05JXTⅠT5023H51∶1
长 12.9cm 宽 9.1cm 厚 0.4cm

绿松石片饰 05JXTⅡT7464H30:5
长 1.8cm 宽 1.7cm 厚 0.6cm

绿松石珠 05JXTⅡT7464M26∶22 扰坑 H35
长 4cm 宽 2.9cm 厚 1.3cm

玉戚 05JXTⅡT7464③:5
长 23.5cm 宽 6.3cm 厚 0.2cm

玉 器

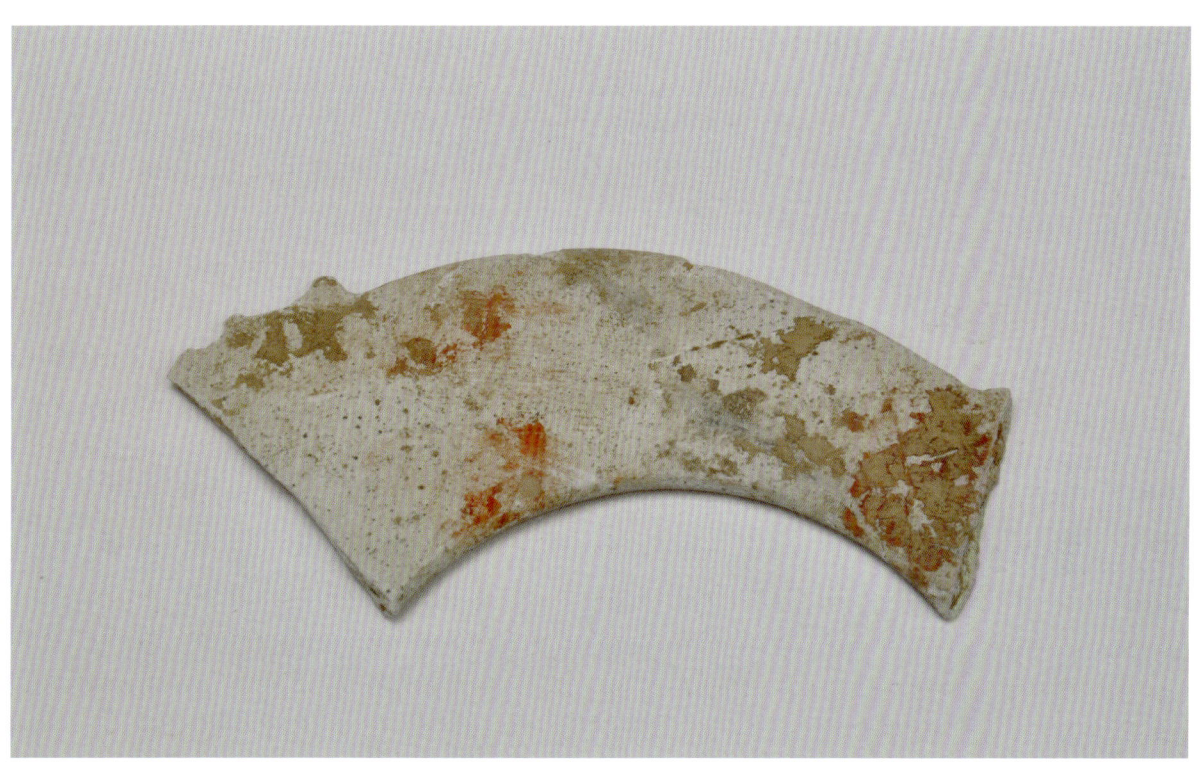

残玉璧 05JXTⅡT7464H30:2
长 9.2cm　宽 4cm　厚 0.3cm

绿松石珠 05JXT Ⅱ T7464M26：3
长 1.8cm 宽 1.4cm 厚 0.5cm

绿松石串饰 05JXTⅡT7464M26∶12
长 1.3cm　宽 0.6cm　厚 1.2cm

多璜联璧 M1449:1
外径 9.25—11cm 内径 6.4—7.65cm 厚 0.55cm

玉器

多璜联璧 M2011:5
外径 9.8—10.3cm　内径 5.8—5.9cm　厚 0.3—0.4cm

多璜联璧 M3021∶2
内径 6.4cm　外径 13.2—14.8cm　厚 0.33—0.38cm

多璜联璧 M3033：8
外径 10.9—12cm　内径 7—7.75cm　厚 0.25cm

绿松石镶嵌腕饰 M2010:4
高 7.8cm 宽 10.5cm

石钺 02M22:6
长 22.9cm　刃宽 10.8cm
背宽 8.8cm　厚 0.7cm

石钺 02M22:9
长 19.7cm　刃宽 8.7cm
背宽 6.7cm　厚 0.38cm

玉臂环 M1449:2
外壁中部直径 6.5cm　内壁中部直径 5.3—5.4cm
上、下口厚 0.2—0.3cm　中部厚 0.5—0.55cm　高 3.6—3.8cm

玉器

玉璧 M1423:1
外径 12.5cm　好径 6.2cm　厚度 0.1—0.2cm

玉璧 MDC：9

外径 13.2 cm　好径 6.8 cm　厚度 0.2—0.25 cm

玉器

玉璧 MDC：10
外径 11.6—11.9cm　好径 6.6cm　厚度 0.4cm

中国陶寺遗址出土文物集萃

玉璧 05M26:8

玉器

玉琮 M1267:2
中线长 7.2—7.5cm　中孔直径 5.8—6.2cm　通高 2.5cm

中国陶寺遗址出土文物集萃

玉琮 M3168:7

边长 6.8cm　中线长 7.1cm　中孔直径 6.3cm　射高 0.3cm　通高 3.2cm

玉琮 02M22:129

通长 5.1cm　高 2.85cm　圆孔径 4.4cm

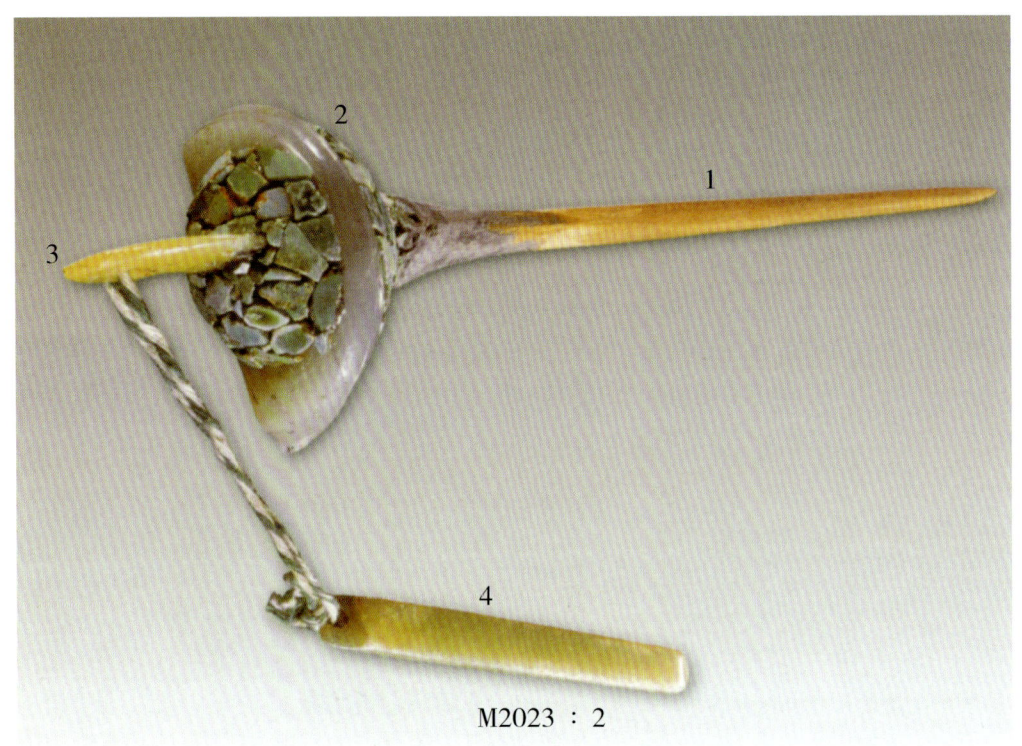

玉骨组合头饰 M2023

1.M2023:1 之 1　骨笄　残长 18.6cm　宽 1.1cm　厚 0.6cm

2.M2023:1 之 2　半圆形穿孔玉片　直边长 4.9cm　弧最大半径 3cm　厚 0.55cm　孔径 0.9—1.8cm

3.M2023:1 之 3　弯头弧形穿孔玉片　高 3.1cm　宽 1—1.2cm　厚 0.2cm

4.M2023:2　玉坠饰　高 7.9cm　宽 0.7—0.8cm　顶端厚 0.1cm　中、下部厚 0.2—0.3　孔径 0.28—0.4cm

玉器

玉圭 M1700:3
长 17cm　宽 3.7—4.9cm　厚 1cm

玉圭 M3032:2
长 15.8cm 宽 4.6—5cm 厚 0.4cm

玉环 M1369:2
外周直径 8.9—9.3cm　好径 6.4—6.6cm　最大厚度 0.5cm

玉环 MDC：14
外周直径 4.8cm　好径 3cm　厚 0.4cm

玉璜 02M22：131
长 9.25cm　宽 3.05cm　一件厚 0.15cm　另一件厚 0.18cm
两件一对，大小一样，厚度略有差别

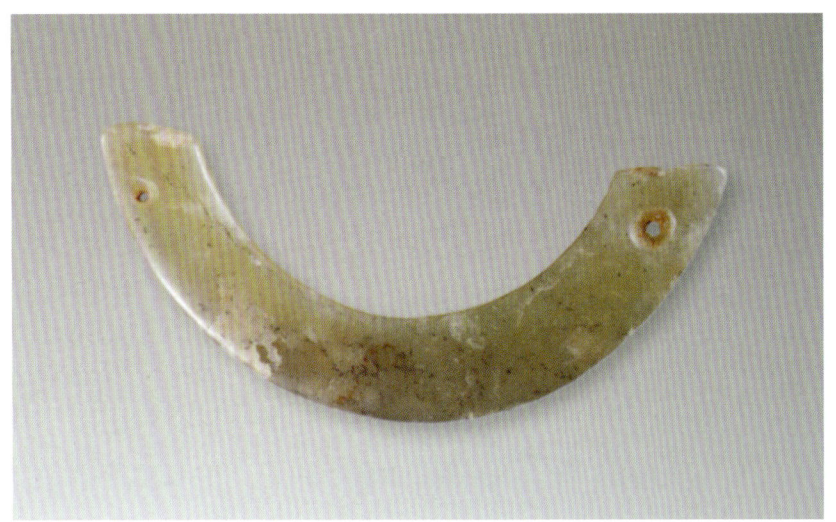

玉璜 M2025:1
肉宽1.1cm 厚0.2cm

玉璜 M3160∶2

肉长 5.5 cm　宽 1.5—1.6 cm　内缘厚 3.5 cm

玉戚 02M22:128

长 16.6cm　刃宽 5.1cm　背宽 4.3cm　厚 0.3cm

玉器

玉石钺 M1265:2

长 19.2cm　宽 7.7—9.4cm　厚 0.35cm　孔径 0.9cm

玉石钺 M3073:26

长 14.7cm　宽 10.5—11.6cm　厚 0.7cm　孔径 1.3—1.5cm　1.7—2.15cm

玉器

玉石钺 M3168∶9
长 13.9 cm　宽 4.8—6.05 cm　厚 0.55 cm　孔径 0.65—0.9 cm　0.45—0.5 cm

玉石钺 M3196:2

长 11.7cm　宽 7.5—8.1cm　厚 0.5cm　孔径 0.7—0.9cm　0.4—0.6cm

玉 器

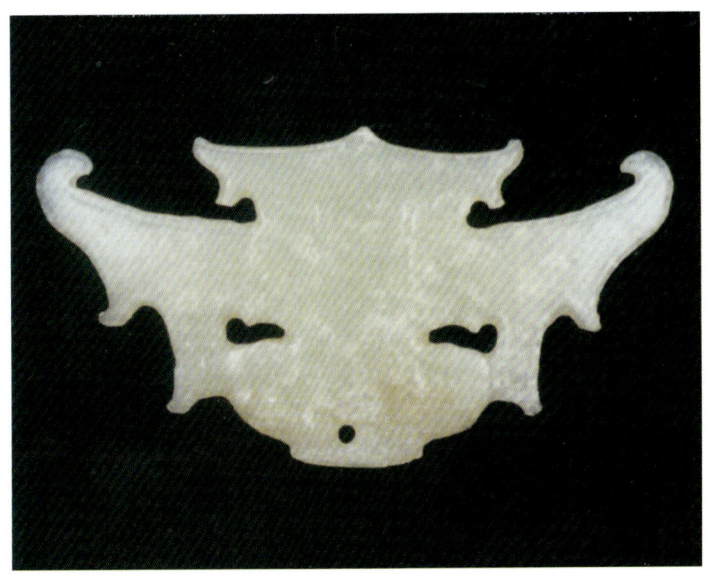

玉兽面 02M22∶135
高 3.5cm　宽 6.4cm　厚 0.3cm

玉梳 M1267:1

高 10.2cm 顶宽 5.75cm 下缘宽 6.5cm 厚 0.4cm

玉器

玉钺 M2035∶20
长 15.7cm 宽 4.9—5.6cm 厚 0.7cm 孔径 1cm

玉钺 M3002:4

长 12.5cm 宽 6.75—7.8cm 厚 0.62cm 孔径 0.8—1cm

玉器

玉钺 M3100:2

长 9.6cm　宽 4.2—7.1cm　厚 0.6cm　孔径 0.9—1.1cm　0.3—0.6cm

玉钺 M3153:3
长 17.4cm 宽 4.6—8.8cm 厚 0.5cm 孔径 0.8—1cm 0.3—0.7cm

玉钺 M3168:10

长 17.4cm 宽 7.8—9cm 厚 0.34cm 孔径 0.8—1.2cm 1.3—1.5cm

玉钺 M3224:9
长 16.5cm　宽 7.3—8cm　厚 0.6cm　孔径 0.63—1.1cm　0.42—0.83cm

玉 器

钺形器 M1265:1
长 12.6cm　宽 4.7—5.3cm　厚 0.3cm　孔外径 0.9cm　内径 0.7cm

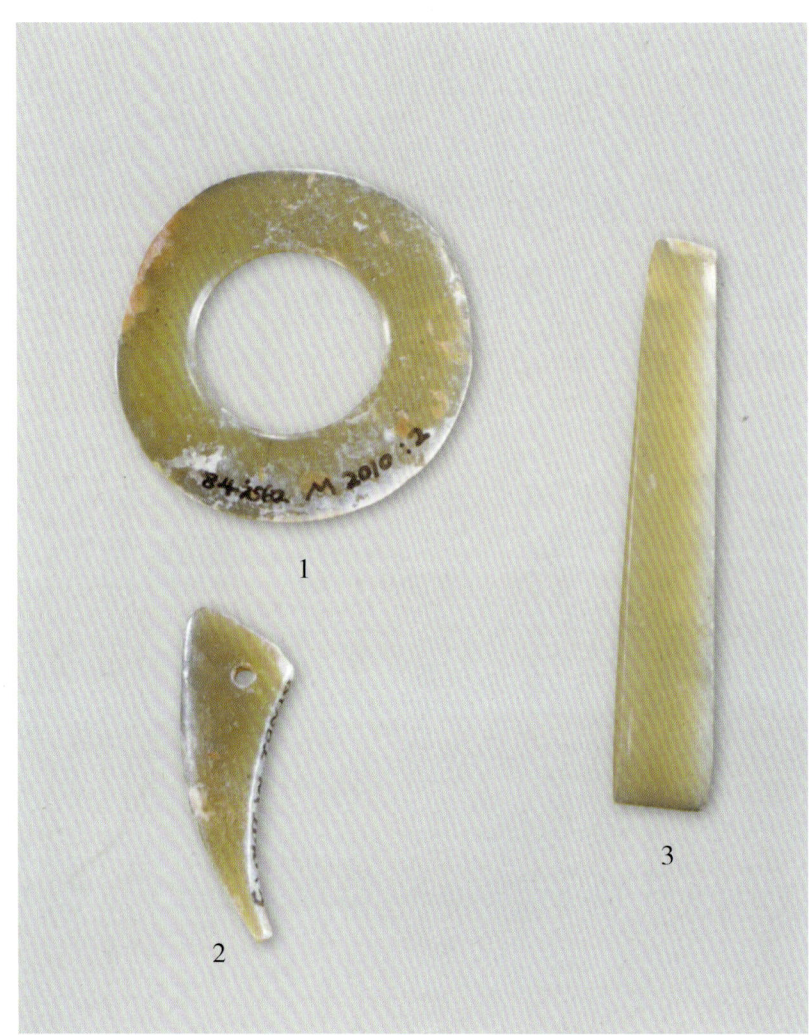

组合头饰 M2010

1. 玉环 M2010:2　外径 4.4cm　好径 2.3—2.4cm　厚 0.16cm
2. 玉坠饰 M2010:3　高 4.2cm　宽 0.2—1.3cm　厚 0.4cm　孔径 0.2—0.3cm
3. 玉笄 M2010:5　长 7.1cm　上端宽 0.7cm　下端宽 1.1cm　上端厚 0.15cm　中部厚 0.4cm

组合头饰 M2036

1. 玉环 M2036：1：4　外周长径 4.8cm　短径 4.4cm　好径 2.1—2.35cm　厚 0.3cm
2. 玉坠饰 M2036：1：2　高 7.8cm　宽 1—1.2cm　厚 0.45cm　孔径 0.2—0.4cm
3. 玉坠饰 M2036：1：3　高 4.45cm　宽 0.9—1.15cm　厚 0.2—0.4cm　孔径 0.2—0.6cm

组合头饰 M3018

1. 玉环 M3018：2　外径 6.1cm　好径 3.4cm　厚 0.3cm
2. 玉坠饰 M3018：1　高 5.35cm　上端宽 1.5cm　下端宽 2.6cm　厚 0.2—0.5cm　孔径 0.25—0.5cm
3. 玉坠饰 M3018：3　高 4.7cm　宽 0.7—1.1cm　厚 0.1—0.28cm　孔径 0.1—0.25cm

中国陶寺遗址出土文物集萃

彩绘陶豆 81JS62M2001：29
口径 19.1cm　底径 16.6cm　高 26.1cm

陶 器

彩绘陶壶 82JS62T2123M2092∶20
口径 8.2cm　底径 8.8cm　腹宽 16.5　高 21.6cm

彩绘陶壶 M2001∶41
颈根直径 6.5cm　腹径 18.5cm　底径 11.4cm　颈高 9.7cm　通高 24.5cm

彩绘陶壶 M2001：42

口径 9.3cm　颈部直径 6.6cm　肩径 21.8cm　颈高 7cm　通高 25.4cm

彩绘陶壶 M3002:50
口径 15.7cm　肩径 26.5cm　底径 8.1cm　颈高 9.8cm　通高 27.3cm

彩绘陶壶 M3015∶42

口径 16.8cm 肩径 20.8cm 底径 7.6cm 颈高 8cm 通高 19.2cm

彩绘陶壶 M3016:1
口径 13.2 cm　颈根直径 10 cm　肩径 23.2 cm　底径 10 cm　颈高 10 cm　通高 25.2 cm

陶器

彩绘陶盆 05JXTⅡT7464M32 北壁龛:1
口径 32.9cm 底径 17.8cm 高 9cm

彩绘陶瓶 M2001:49
口径 8.6 cm　颈根直径 4.7 cm　肩径 11.7 cm　底径 5.4 cm
颈高 7 cm　肩高 3.1 cm　腹高 12.6 cm　通高 22.7 cm

陶 器

彩绘陶瓶 M3009∶1

口径 13cm　颈根直径 7.3cm　肩径 11.8cm　底径 5.5cm

颈高 10cm　肩高 2.8cm　腹高 14.2cm　通高 27cm

彩绘折腹盆 M1111:1
口径 33.8cm 底径 12cm 通高 17.4cm

陶 器

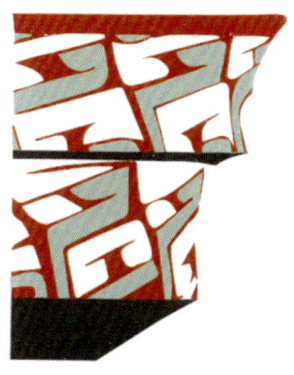

彩绘折腹盆 M2035∶1
口径 31.5cm　底径 9cm　通高 21.2cm

彩绘折腹盆 M2063∶4

口径 32.8 cm　底径 13.1 cm　通高 17.1 cm

陶 器

彩绘折腹盆 M2103:2
口径 40.6 cm　底径 13 cm　通高 20.5 cm

中国陶寺遗址出土文物集萃

彩绘折腹盆 M2168:3
口径 34cm 底径 12cm 通高 19.7cm

陶 器

彩绘折腹盆 M3073∶28
口径 42 cm　底径 15.3 cm　通高 18.7 cm

彩绘折腹盆 83JS62M2172：4
口径 33.5cm 底径 12.6cm 高 25.2cm

陶器

彩绘折腹盆 83JS62M2180：1
口径 37.2cm 底径 12.5cm 高 23.5cm

彩陶簋 02M22：15
高 18.4cm 口径 18cm

陶 器

彩陶折腹盆 81JS62M2027:2
口径 35.6cm　底径 14.8cm　通高 24.6cm

中国陶寺遗址出土文物集萃

蟠龙纹陶盘 M2001:74
盘径 40.9cm　底径 12.6cm　腹深 10cm　盘高 11.6cm

陶器

蟠龙纹陶盘 M3072∶6
盘径 40.7cm 底径 15cm 腹深 7.8cm 盘高 9cm

蟠龙纹陶盘 M3016:9
盘径 36.6cm 底径 15cm 腹深 6.2cm 盘高 6.8cm

陶 器

蟠龙纹陶盘 M3073∶30
盘径 34.4cm 底径 12.5cm 腹深 7.6cm 盘高 8.7cm

中国陶寺遗址出土文物集萃

双耳罐 05JXTⅡT7464M26∶5 北壁龛 5

北壁龛 5cm　口径 8.1cm　底径 4.4cm　通宽 14.3cm　通高 11.8cm

陶 器

双耳罐 2005JXTⅡT7464M32 北壁龛:2
口径 7.5cm 底径 3.9cm 通宽 13cm 通高 10.4cm

小口高领折肩罐 M2001:48

口径 15.5cm　肩径 23.8cm　底径 9.7cm　高 42.3cm

陶 器

小口折肩罐 05JXTⅡT7464H33②:1
口径 14.5cm 底径 7.2cm 通宽 19cm 通高 27.4cm

小口折肩罐 05JXTⅡT7464H33②:2
口径 14.9cm 底径 7.2cm 通宽 20cm 通高 26cm

陶 器

小口折肩罐 05JXT Ⅱ T7464M26：2
口径 17cm　底径 8.1cm　通宽 23cm　通高 32.6cm

小口折肩罐 05M26∶1
口径 16.9cm　底径 7.8cm　通宽 22cm　通高 30.9cm

陶器

朱绘大口罐 M2001:45
口径 27.8 cm 肩径 27.4 cm 底径 11.3 cm 肩高 9 cm 通高 34.8 cm

朱绘大口罐 M2172：18

口径 37.2 cm　　肩径 41 cm　　底径 17 cm　　肩高 10 cm　　通高 50 cm

陶 器

扁壶 86SH25H1113（俯视图）
口径长 16cm　宽 9cm　腹径 18cm　通高 36cm

扁壶 86SH25H1113（正面）

口径长 16cm　宽 9cm　腹径 18cm　通高 36cm

陶器

扁壶 H2001（俯视图）
口径长 15cm　口径宽 7cm　底径 9cm　通宽 18.5cm　通高 36cm

中国陶寺遗址出土文物集萃

扁壶 H2001（正面）

口径长 15cm　口径宽 7cm　底径 9cm　通宽 18.5cm　通高 36cm

陶器

大口罐 80JS62M3015:55
口径 30cm 底径 11cm 通宽 23cm 通高 39.2cm

大口罐 81JS62M2001:68

口径 28.5cm 底径 12cm 通宽 30cm 通高 34.5cm

陶器

大口罐 81JS62M2035∶17

口径 29.3cm 底径 14.5cm 通宽 33cm 高 46cm

大口罐 81JS62T404H406:4
口径 24.5cm　底径 12cm　通宽 25.5cm　高 48cm

陶 器

大口罐 83JS62M2168∶16
口径 32cm　底径 18cm　通宽 44cm　高 44cm

大口罐 83JS62M2168:20
口径 17.3cm 底径 14cm 通宽 27cm 高 29cm

陶器

大口罐 83JS62M2180:16
口径 25.4cm　底径 15cm　通宽 35cm　高 42cm

带盖杯 83JS62M2172:15

口径 16.3cm　底径 11.4cm

器盖口径 16.7cm　高 10cm　通宽 20cm　通高 29.1cm

陶器

单把鬲 05JXT Ⅰ T5113H57
口径 15.5cm　通宽 18cm　通高 20.5cm

单把鬲 76SH25H1④
口径 11.5cm 通宽 20cm 通高 21.5cm

陶器

单把鬲 78JS62Ⅲ H302:29
口径 10.7cm 通宽 15.5cm 高 17cm

单把鬲 81JS62H408:2
口径 11.2cm 通宽 16cm 高 18.4cm

陶 器

单把鬲Ⅳ H401∶22

口径 16.7cm　通宽 21.5cm　通高 26.3cm

单耳罐 85SH25SⅠT1015:5
口径 8cm 底径 5cm 通宽 12cm 通高 11cm

陶器

肥足鬲 78JS62H301∶6
口径 42cm 通宽 50cm 通高 52.5cm

中国陶寺遗址出土文物集萃

肥足鬲 84JS62T3008：3A
口径 20.7cm 通宽 27.5cm 高 26.3cm

陶器

肥足鬲 T421∶4A
口径 20.5cm 通宽 29cm 高 27.5cm

釜灶 81JS62M2001:56
口径 22.1cm 底径 18.3cm 通高 26.9cm

陶 器

釜灶 83JS62M2172:32
口径 23.3cm　底径 22cm　通宽 29cm　高 29.5cm

中国陶寺遗址出土文物集萃

罐形斝 79JS62T1101M1111：4
口径 12cm 通宽 16.5cm 高 20cm

陶 器

罐形斝 81JS62M2035：6
口径 12cm　通宽 16.5cm　高 20cm

罐形斝 84JS62H303:13
口径 27.6cm 通宽 29.5cm 高 27.9cm

陶 器

罐形斝Ⅱ H102∶29
口径 9.2cm　通宽 12cm　高 15.6cm

中国陶寺遗址出土文物集萃

盆形斝 79JS62T1101M1111:6
口径 28cm 通宽 32cm 通高 29cm

陶 器

盆形斝 79JS62T3001M3002∶32
口径 25.5cm　通宽 30cm　通高 32.6cm

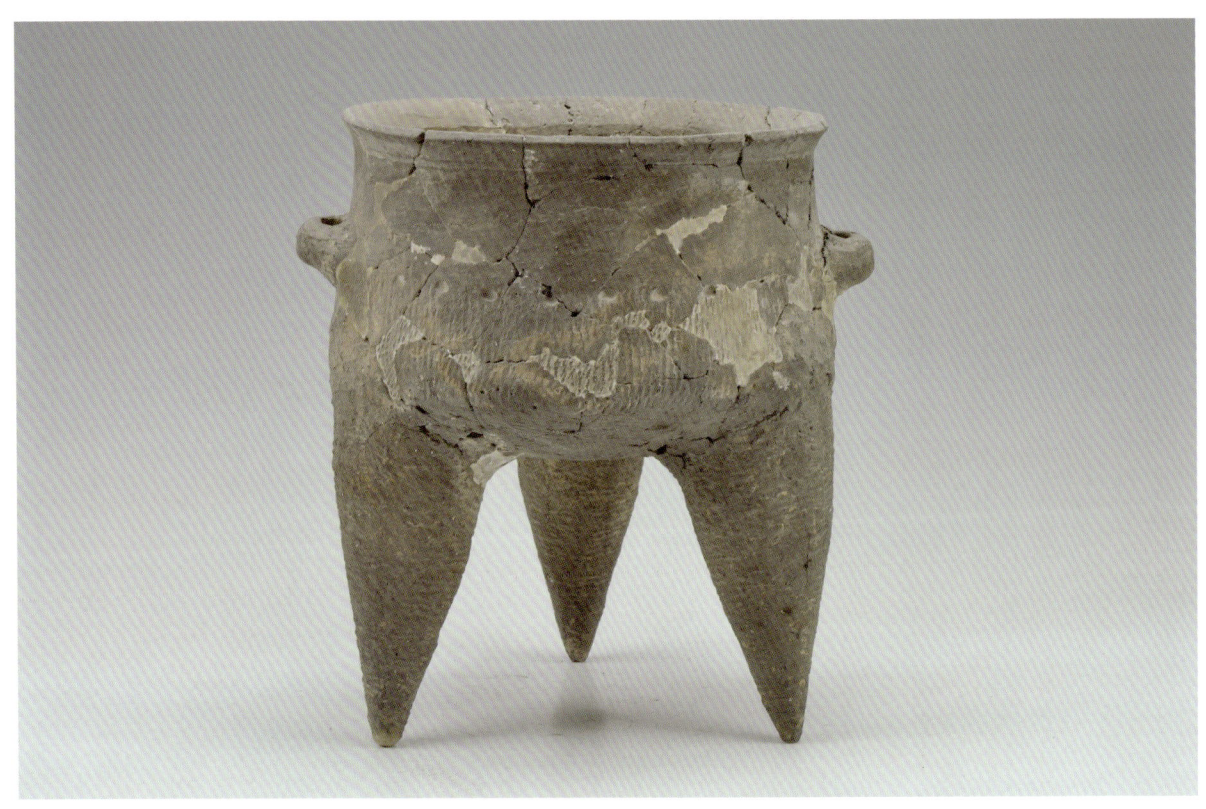

盆形斝 80JS62M3016：13
口径 23.5cm 通宽 29.1cm 通高 30.2cm

陶 器

盆形斝 81JS62M2001：59
口径 28cm　通宽 31.5cm　通高 30cm

盆形斝 82JS62M2014:10
口径 27cm 通宽 28.7cm 通高 25.2cm

陶 器

盆形鬲 82JS62M2092:23
口径 30.2cm 通宽 34.5cm 通高 29.3cm

盆形斝 83JS62M2168:6
口径 30.2cm 通宽 34cm 通高 22.5cm

陶器

盆形斝 83JS62M2180：15

口径 31cm　通宽 37.5cm　通高 29.9cm

盆形斝 M2053:4
口径 28.5cm　通高 23.9cm

陶器

圈足罐 02JXT：HT5126H34：17
口径 23.5cm　底径 4cm　通高 21cm

深腹盆 78JS62：H303：24
口径 37.3cm 底径 19cm 通高 24.7cm

深腹盆 81JS62M2001:47

口径 22.5cm　底径 8cm　通高 18cm

中国陶寺遗址出土文物集萃

双耳罐 81JS62M2035：12
口径 17.5cm 底径 9cm 通宽 19cm 通高 18.3cm

陶器

双耳罐 81JS62T2101M2035∶8
口径 8cm 底径 6cm 通宽 16cm 通高 10cm

双耳罐 83JS62M2172：5

口径 9.5cm　底径 6cm　通宽 17cm　通高 12cm

陶器

双鋬鬲 78JS62Ⅲ H302:24
口径 18.5cm　通宽 21cm　通高 25cm

中国陶寺遗址出土文物集萃

双鋬鬲 ⅣT404④：11

口径 17.3cm 通宽 23cm 通高 27.3cm

陶 器

陶杯 81JS62M2001：70
口径 7.3cm 底径 8cm 通宽 14cm 通高 14cm

陶杯 81JS62M2027∶5

口径 9cm　底径 7.2cm　通宽 14.7cm　通高 12.5cm

陶器

陶杯 83JS62T354H376:13
口径 4.2cm 底径 3.1cm 通宽 5.2cm 通高 6.2cm

陶杯 83JS62T355H3402（5）

口径 12cm 底径 5cm 通高 11.3cm

陶垫　陶器　墙 Q16 出土

陶垫　陶寺宫城南墙 Q16 出土

陶豆 03JXTⅠHT5026③:3
口径 12.8cm 底径 8cm 通高 12.5cm

陶豆 81JS62M2001:36

口径 18.5cm　底径 11.4cm　通高 14cm

陶豆 83JS62M2172：17
口径 15.5cm 底径 9.8cm 通高 7.6cm

陶器

陶豆 84SH25SⅠH1007∶56
口径 23cm　底径 17cm　高 9cm

陶纺轮（陶片改制）02JXTⅠhT5126HG8③:49
内径 0.8cm 外径 4.8cm 厚 0.5cm

陶器

陶纺轮 79JS62T1201M406
通长 4.2cm　通宽 4.3cm　厚 1.7cm

陶纺轮 84JS62T320H358：2
通长 7cm 通高 3.8cm

陶器

陶鬲 87XH25WⅡM2005:3
口径 15cm　通宽 17cm　通高 21.5cm

中国陶寺遗址出土文物集萃

陶鬲 2012JXTⅢTG4H3：21
口径 19cm 通宽 22cm 通高 26cm

陶 器

陶觚 82JS62M2063:1
口径 8.2cm　底径 6.1cm　高 13.8cm

陶盉 83JS62T333H3406∶3
口径 11.4cm 底径 15.5cm 通高 19cm

陶器

陶壶 80JS62M3072∶2
口径 28.5cm 底径 12.6cm 通宽 30cm 通高 28.9cm

陶壶 81JS62M2001：43

口径 18.5cm 底径 10cm 通宽 21.5cm 高 22.2cm

陶 器

陶壶 81JS62M2001:72

口径 22.5cm　底径 12cm　通宽 27.5cm　通高 29.6cm

陶壶 81JS62M2035：5

口径 6cm 底径 4.8cm 通宽 10.5cm 高 19cm

陶 器

陶壶 84JS62M2005:1

口径 9cm 底径 5.6cm 通宽 13.8cm 通高 25cm

中国陶寺遗址出土文物集萃

陶斝 82JS62M2063:3
口径 21.5cm 通高 24.5cm

陶 器

陶斝 83JS62M2180：21
口径 17.5cm 高 19.8cm

陶铃 H419:5
高 1.9cm 口部长轴 9cm

陶器

陶铃 ⅣC∶06（采集品）
顶部长轴 8.6cm　短轴 5cm　底部长轴 9.9cm　短轴 3.8cm　高 5.4cm

陶铃 T393④B:3
器高 5.5cm

陶 器

陶铃 H3017:01

高 3cm　顶厚 1cm　璧厚 8cm

中国陶寺遗址出土文物集萃

陶拍 79JS62T1102H1102①：4
通长 8.7cm 通宽 5cm 通高 3.9cm

陶器

陶拍 78JS62ⅡT1H4∶43
通长 8.7cm　通宽 7.51cm　通高 4.1cm

陶瓶 81JS62M2003：5
口径 11cm　底径 6.2cm　通宽 12cm　高 24cm

陶 器

陶瓶 M2013∶2
口径 11.5cm 底径 5cm 通宽 11.5cm 通高 27cm

陶球 85JS62T330H3476∶1
通长 5cm

陶器

陶楔形器　陶寺宫城 TG35③B 出土

陶瓦　陶寺宫城 TG43②出土

陶器

陶瓦 02JXTⅠhT5126HG8③:47（反面）
通长 15.5cm　通宽 11.5cm　厚 2.2cm

陶瓦 02JXTⅠhT5126HG8③:47（正面）

陶 器

陶鬲 81JS62 Ⅳ H428
口径 22cm 通宽 30.5cm 高 54.7cm

陶甗 84JS62H3403
口径 21cm 高 37.6cm

陶 器

陶甑 84SH25SⅠ:H1007（底视图）

陶甗 84SH25SⅠ:H1007（正面）

口径 18cm　底径 8cm　高 16.5cm

陶器

筒形器 78JS62ⅢH301:4（底视图）

筒形器 78JS62Ⅲ H301:4（正面）

口径 11.8cm　底径 10cm　高 29.3cm

陶 器

土鼓 M3072∶11
上口直径 25.6 cm　最大腹径 41 cm
底中孔径 6.5 cm　存高 80.4 cm

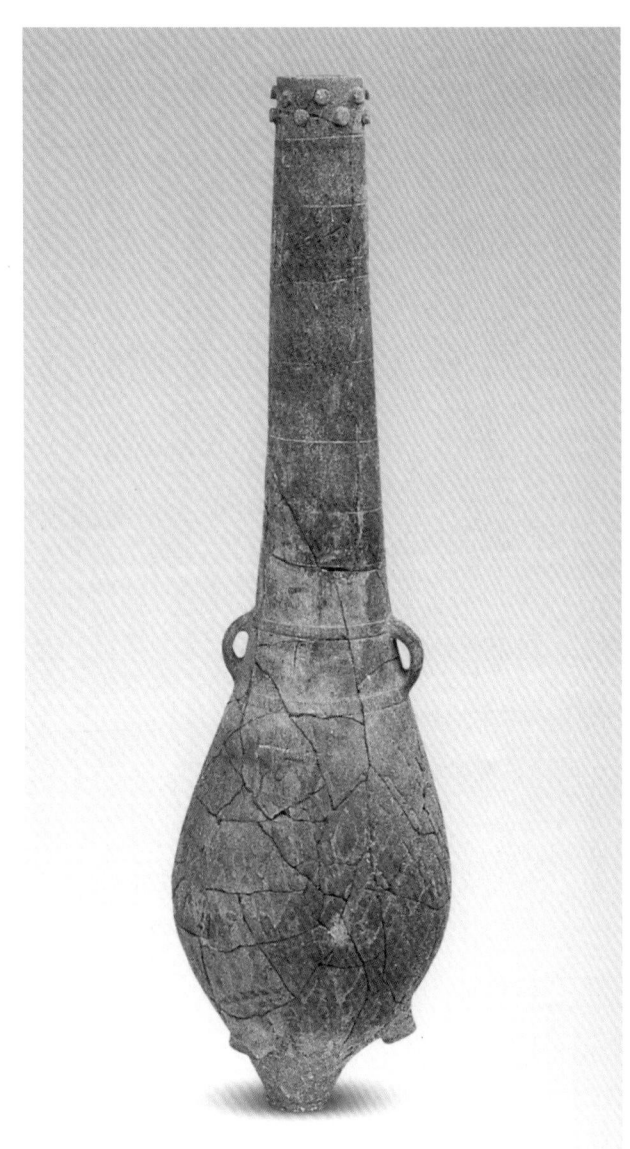

土鼓 M3032：1

上口直径 11.4 cm　最大腹径 39 cm　底中孔径 9.2 cm　孔高 3 cm

底周孔径 5 cm　孔高 2 cm　耳以上高 81.4 cm　通高 140.5 cm

陶 器

椭圆形大斝 M3072：14
口部长径 39cm　短径 32.5cm　腹深 18.5cm　高 35.6cm

小口折肩罐 80JS62M3016:3

口径 14.6cm　底径 12.1cm　通宽 32.5cm　通高 43.5cm

陶 器

小口折肩罐 80JS62M3073:29

口径 12.8cm　底径 10.2cm　通宽 23cm　通高 35.2cm

中国陶寺遗址出土文物集萃

折腹罐 81JS62M2035：11
口径 17.2cm　底径 12cm　通宽 25.5cm　通高 19.1cm　腹径 25cm

陶 器

折腹斝 82JS62M2092∶2
口径 16.5cm　通宽 21.5cm　通高 16cm

折腹斝 84JS62ⅡT1∶3B 之 10
口径 17.6cm　通高 15.2cm

陶 器

折腹斝 M3002∶25
口径 19cm　通宽 21.2cm　通高 16.8cm

折腹盆 80JS62M3016：5
口径 14.1cm 底径 7.7cm 高 13.4cm

陶 器

折腹盆 84JS62M2202：2

口径 23.5cm 底径 8cm 高 19cm

折腹盆 H303∶17
口径 35cm 底径 8cm 高 18cm

陶 器

折腹盆 H2009 扰 M2079∶6
口径 42.2cm　底径 14.1cm　高 21.8cm

折肩罐 81JS62M2035:3
口径 17cm 底径 11cm 通宽 30cm 高 34cm

陶器

朱书扁壶 H3403:13　残高 27.6cm

中国陶寺遗址出土文物集萃

朱书扁壶 H3403∶13

陶器

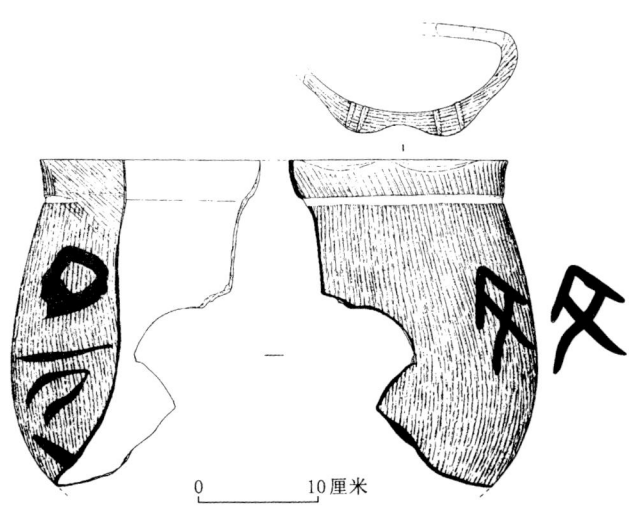

朱书扁壶线图

卜骨　陶寺宫城 TG45③B 出土

骨蚌器

穿孔龟板 81JS62H430:1
通长 5.9cm　通宽 5.3cm　厚 0.8cm

骨匕 80JS62M3015:4
通长22.3cm 通宽3.6cm 厚0.9cm

骨蚌器

骨匕 80JS62M3015:52
通长 24.4cm　通宽 3.1cm　厚 1cm

骨匕 80JS62M3015：54

通长 25.5cm 通宽 2.7cm 厚 0.5cm

骨蚌器

骨匕 2002JXTⅠbT2017H11③：11
通长 19cm　通宽 0.8cm　厚 0.5cm

骨铲 06JXTⅠTG9H64:2
通长 7.5cm 通宽 3.2cm 厚 0.2cm

骨蚌器

骨铲 81JS62Ⅳ T422H428∶46
通长 10.1cm　通宽 3.8cm　厚 0.3cm

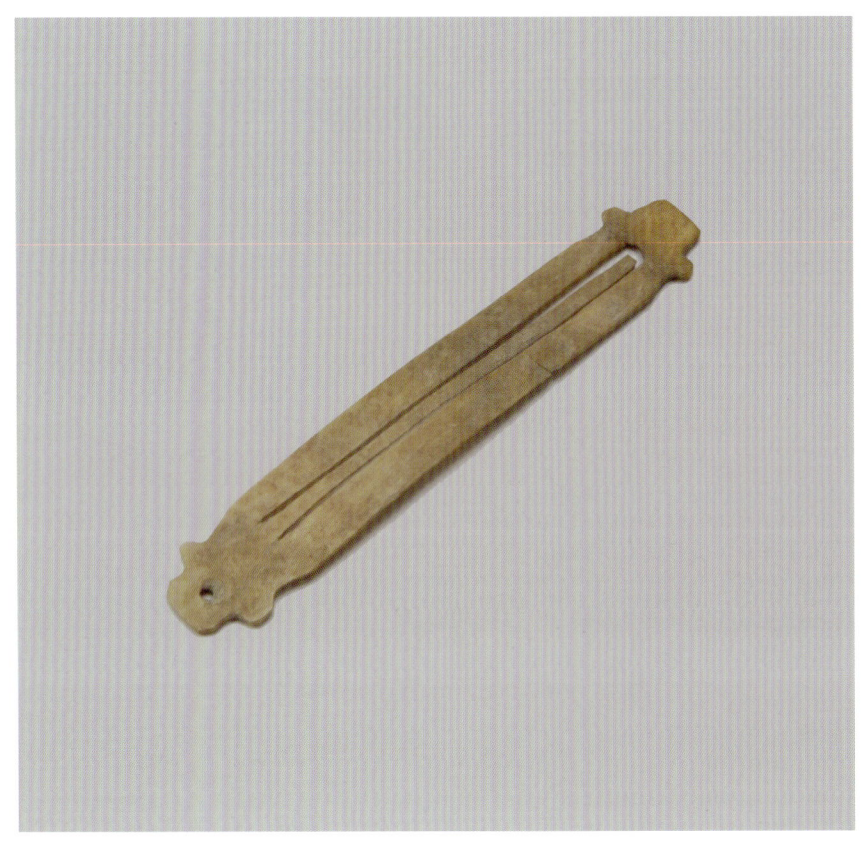

口弦琴 81JS62Ⅲ T422J401：29
通长 8.4cm 通宽 1.3cm 厚 0.1cm

骨蚌器

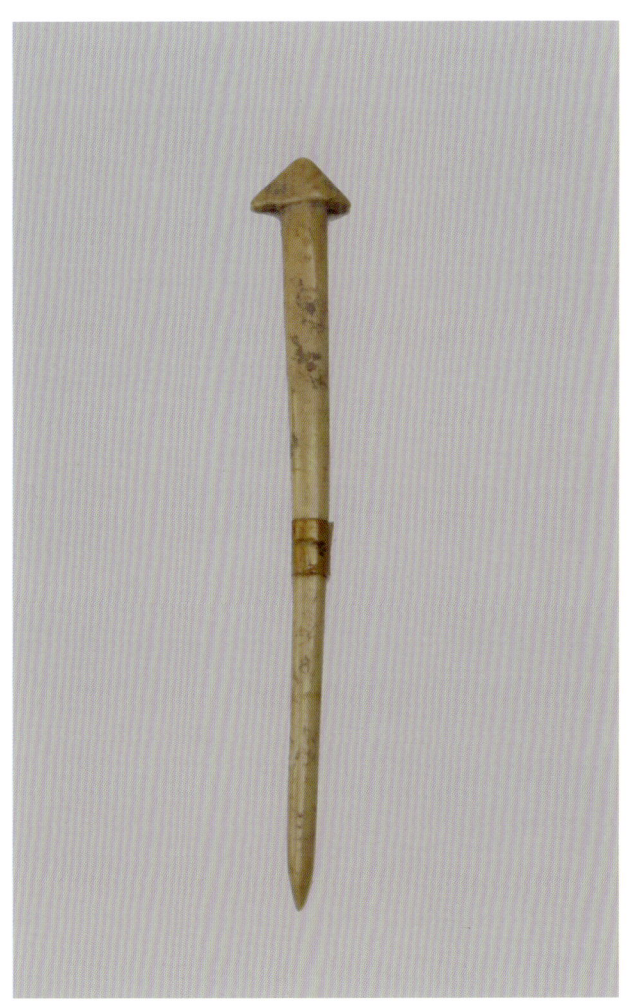

骨笄 83JS62 Ⅲ T344∶3A∶4
通长 17.4cm　通宽 1.1cm　厚 0.2cm

骨笄 83JS62T342:4A:1

通长 11.8cm 通宽 0.8cm 厚 0.3cm

骨蚌器

骨笄 84JS62T376H3422:4
通长 15cm 通宽 1cm 厚 0.5cm

骨帽形器 83JS62T324H396：2（底面）

骨帽形器 83JS62T324H396：2
通长 3.1cm　通宽 0.9cm　厚 0.9cm

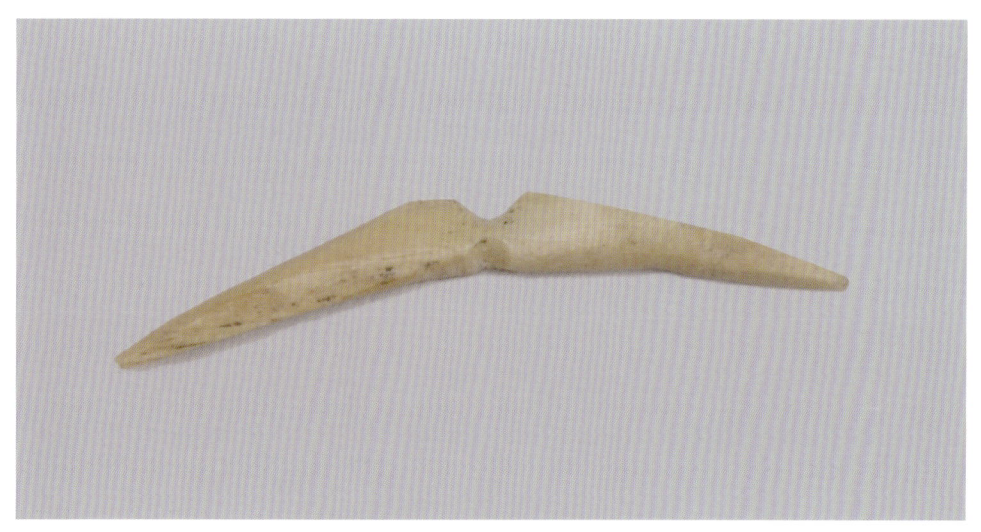

骨佩饰 78JS62ⅣT403④C:17
通长 2.9cm 通宽 0.3cm 厚 0.1cm

骨梳 81JS62M3085:5
通长 3.3cm 通宽 0.7cm 厚 0.3cm

骨簪 78JS62ⅡT1②:48
通长 5cm 宽 0.3cm

骨蚌器

骨凿 83JS62Ⅲ H319:7
通长 14cm　通宽 2.4cm　厚 1cm

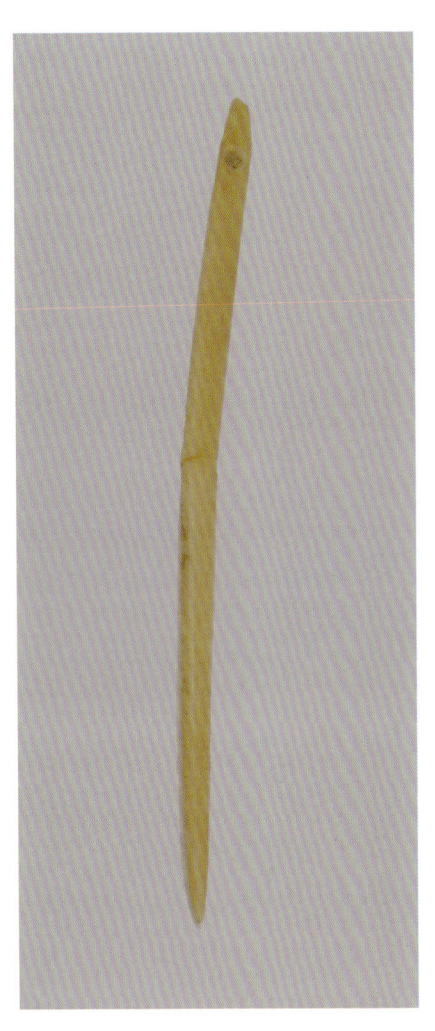

骨针 03JXTⅠhT5126H38⑥:15
通长 7.5cm　通宽 0.2cm

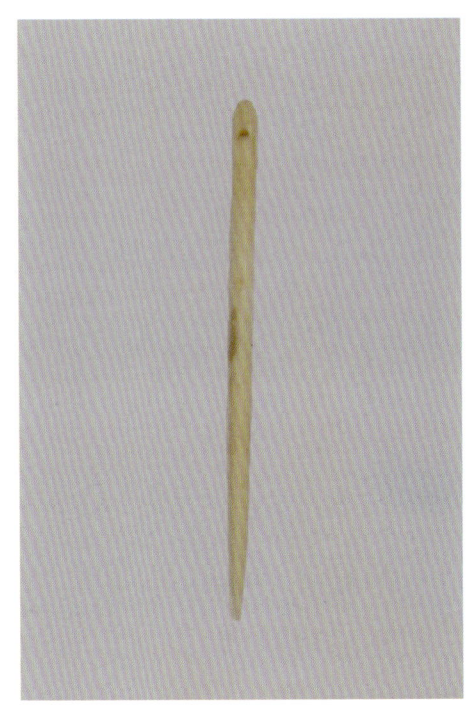

骨针 07JXTⅠTG25H88④:5
通长 4.5cm　通宽 0.2cm

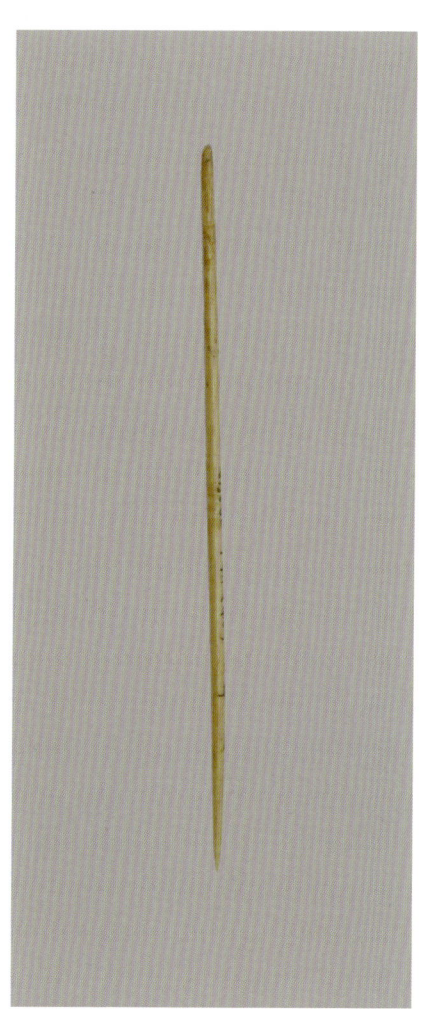

骨针 81JS62T411（4）C:4
通长 9cm　厚 0.2cm

骨针 81JS62T412H425:8
通长 22.5cm　宽 0.6cm　厚 0.5cm

 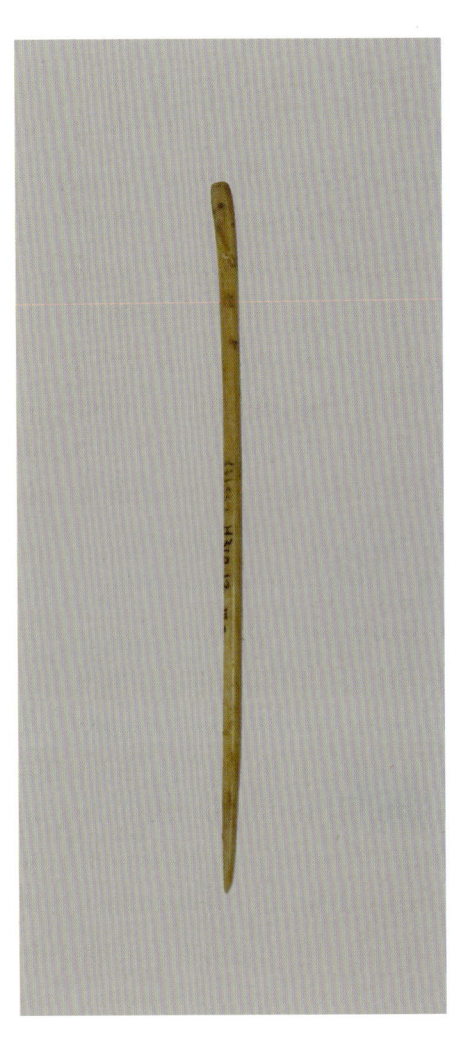

骨针 83JS62ⅢT332② 　　　　　　　骨针 83JS62H310：12
通长 10.1cm　宽 0.4cm　厚 0.4cm　　通长 16.8cm　宽 0.5cm　厚 0.3cm

骨针 2012JXTⅣTG9H15:2
通长 4.3cm　厚 0.2cm

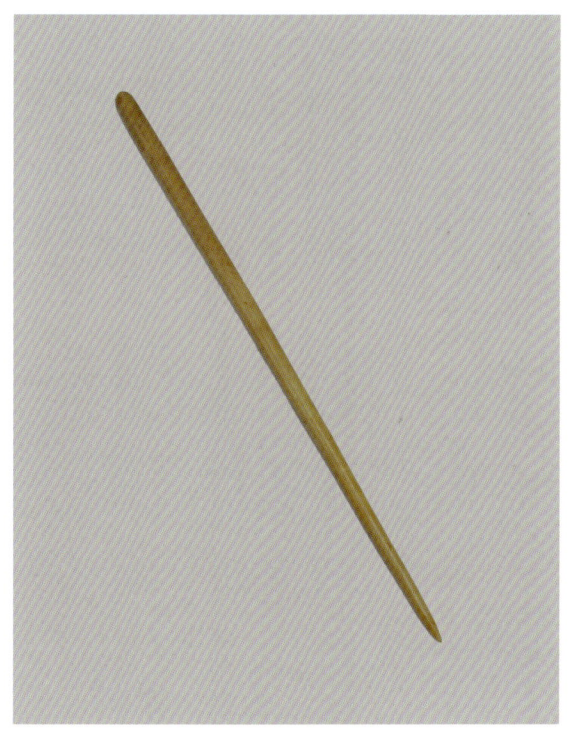

骨针Ⅰ bT3504H22⑧:3
通长 18cm　通宽 0.6cm　厚 0.6cm

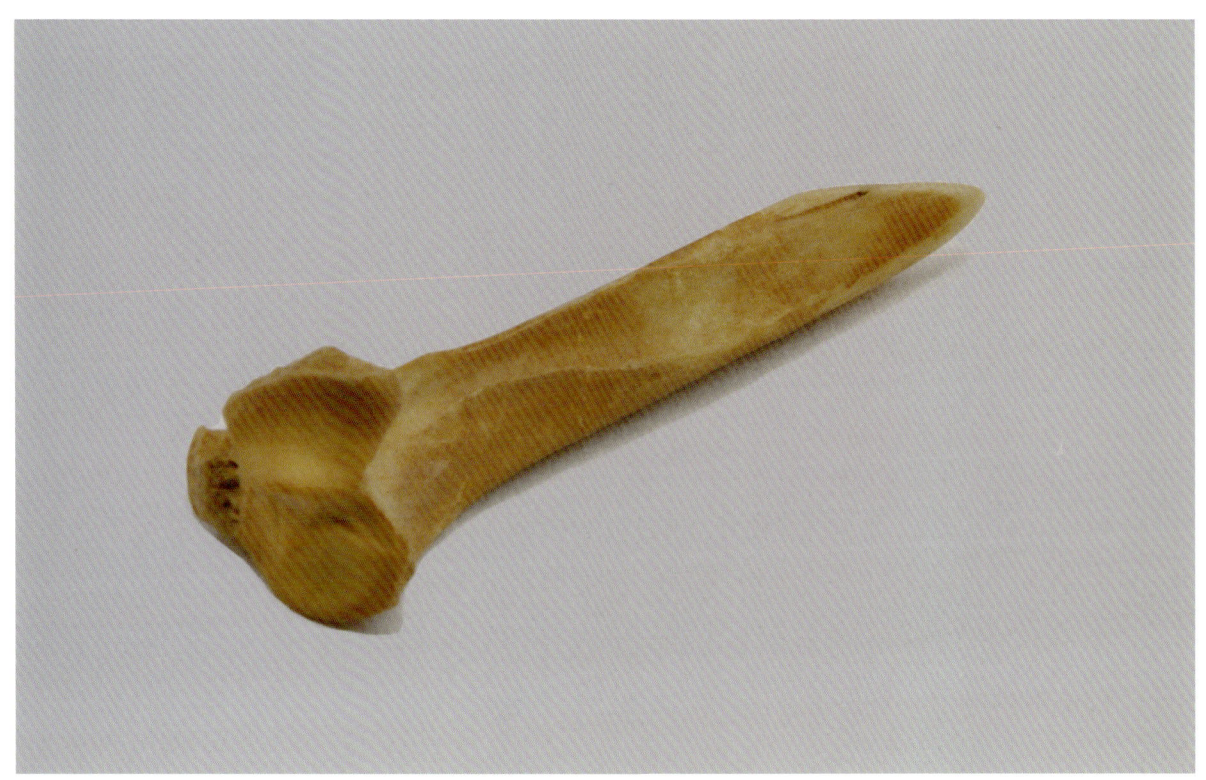

骨锥 79JS62T1091H1102（1）:1
通长 5cm 通宽 1.5cm 厚 1.5cm

骨蚌器

骨锥 80JS62 Ⅳ T401H409：1
通长 8cm　通宽 1cm　厚 0.2cm

骨锥 81JS62Ⅳ T431：4D 层：13
通长 6.3cm　通宽 1.4cm　厚 0.8cm

骨蚌器

骨锥 83JS62Ⅲ T312H318∶12
通长 15.7cm 通宽 2cm 厚 0.2cm

骨锥 83JS62T353H3402∶4　　　　　骨锥 84JS62T334∶4C∶4
通长 6.2cm　通宽 4cm　厚 0.7cm　　通长 7.7cm　通宽 1cm　厚 0.8cm

骨 蚌 器

骨镞 78JS62 Ⅲ H301∶9　　　　　　　　骨镞 78JS62 Ⅳ T403（4）C∶3
通长 6.4cm　通宽 0.8cm　厚 0.8cm　　　通长 7.1cm　通宽 0.8cm　厚 0.8cm

骨镞 78JS62 Ⅳ T403（4）C∶25
通长 5.4cm　通宽 0.3cm　厚 0.2cm

骨镞 78JS62 Ⅳ T403H408∶6
通长 8cm　通宽 0.7cm　厚 0.7cm

 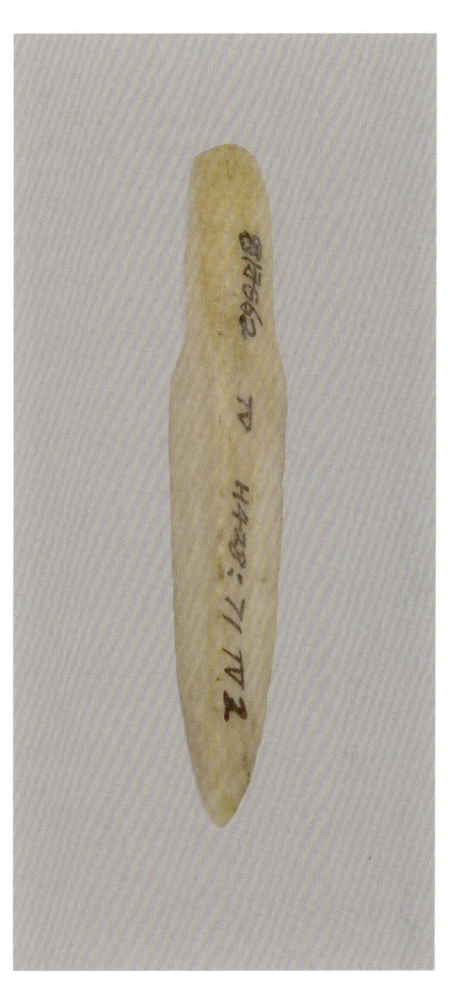

骨镞 78JS62Ⅳ T405（4）：9　　　　　　骨镞 81JS62Ⅳ H428：71
通长 7.2cm　通宽 1cm　厚 0.8cm　　　通长 4.2cm　通宽 0.8cm　厚 0.7cm

骨镞 81JS62 Ⅳ T431∶11　　　　　　　　骨镞 81JS62 Ⅳ T431H431∶1
通长 4.2cm　通宽 0.6cm　厚 0.6cm　　　通长 5cm　通宽 0.7cm　厚 0.4cm

骨镞 81JS62ⅣT432H428:3层:83　　　　　骨镞 81JS62M3144:4之2
通长 8.9cm　通宽 1.1cm　厚 0.7cm　　　通长 8.7cm　通宽 1.1cm　厚 1.2cm

骨镞 81JS62T412H42（11）：2 骨镞 83JS62H333：6
通长 7.3cm　通宽 0.7cm　厚 0.7cm　　通长 5.9cm　通宽 0.6cm　厚 0.4cm

骨镞 Ⅲ H302：18
通长 7cm　通宽 1.3cm　厚 0.4cm

骨镞 H303：56
通长 10.4cm　通宽 0.8cm　厚 0.8cm

蚌叶形饰 79JS62M3009:8
通长 3.4cm　通宽 1.2cm　厚 0.2cm

蚌凿 H390:1
通长 2.9cm　通宽 0.9cm　厚 0.3cm

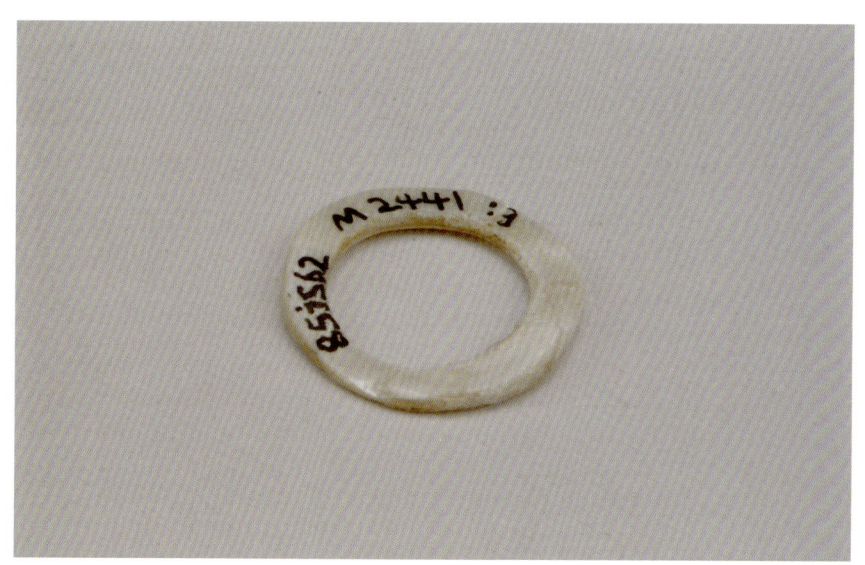

蚌指环 85JS62M2441:3
内径 1.6cm 外径 2.3cm 厚 0.2cm

蚌镞 80JS62M3074:2
通长 7.5cm 通宽 1.6cm 厚 0.8cm

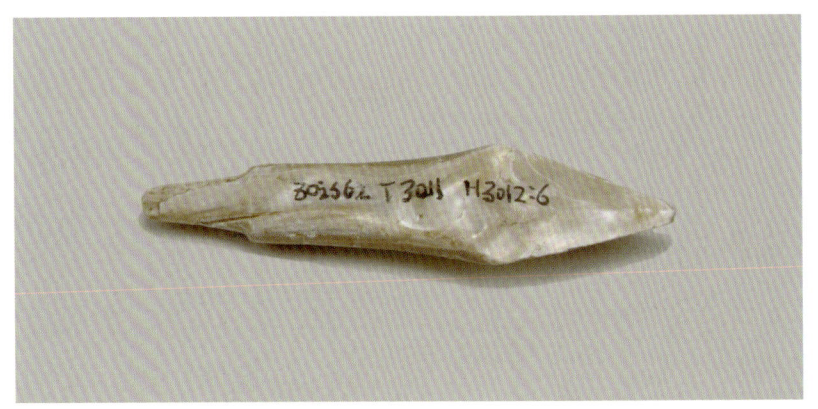

蚌镞 80JS62T3011H3012：6

通长 6.8cm　通宽 1.6cm　厚 0.7cm

蚌镞 81JS62M3144：2

通长 8cm　通宽 2cm　厚 0.8cm

骨蚌器

海贝 02JXTⅡT7254H16∶1（正面）
通长 2.4cm　通宽 1.7cm　厚 0.8cm

海贝 02JXTⅡT7254H16∶1（反面）

厨刀 02JXTⅡM22:11
通长 28.5cm　通宽 23.4cm　厚 1.7cm

石 器

厨刀 02JXTⅡM22:38
通长 26.2cm 通宽 17.3cm 厚 2.2cm

厨刀 02JXTⅡM22∶7
通长 30.9cm 通宽 26.5cm 厚 1.3cm

石器

厨刀 02JXTⅡM22:12
通长 30.8cm　通宽 22.1cm　厚 1.6cm

中国陶寺遗址出土文物集萃

厨刀 M2169:11
通长 24.7cm 通宽 5.5cm 厚 1.3cm

石器

刮削器 2017 陶寺宫城东墙 Q10H231
残长 6.6cm　最宽 2cm

中国陶寺遗址出土文物集萃

石梳 79JS62ⅢT1③:9
通长 6.9cm 通宽 5.5cm 厚 0.5cm

石器

石璧 80JS62T1215M1650:1
内径 7.4cm 外径 14.5cm 厚 0.6cm

石铲 80JS62M3015:19
通长 12.1cm 通宽 6cm 厚 0.8cm

石器

石铲 80JS62M3015∶65
通长 10.5cm　通宽 5.6cm　厚 1cm

石铲 M3162：1
通长 27cm 通宽 7.5cm 厚 0.8cm

石器

石厨刀 M3002:13
通长 47.6cm 通高 38.8cm
刀身最宽 17.9cm 刀身最厚 2.5cm 刀柄最厚 3cm

石琮 81JS62　M3174∶2
内径 6.9cm　外径 8.4cm　厚 4cm

石器

石琮 M3448∶1
内径 6.4cm 外径 6.7cm 高 3.8cm

石刀 78JS62ⅡH102∶18
通长 9.3cm 通宽 4.7cm 厚 0.4cm

石器

石刀 80JS62M3015∶49
通长 24.9cm　通宽 6.7cm　厚 0.3cm

石刀 M2063:6
通长 17cm 通宽 12cm 厚 1.5cm

石器

石纺轮 83JS62H314:3
内径 1.3cm　外径 7cm　厚 1cm

石斧 02JXTIhT5126H38②:3
通长6.1cm 通宽2.8cm 厚0.4cm

石斧 79JS62T313H384:8
通长 24cm 通宽 7.8cm 厚 2.2cm

石臼 2017TG62G21 出土石臼（朱砂残留）

石磬 M3002∶6

通长 95 cm　高 32 cm　股博高约 25 cm　鼓博高 10 cm

厚 2—6.5 cm　孔外径 6—7 cm　内径 1.5 cm

石球 78JS62ⅠT111:4
长 5.3cm

石器

石梳 M1364:2
通长 9.3cm 通宽 8.7cm 厚 0.2cm

中国陶寺遗址出土文物集萃

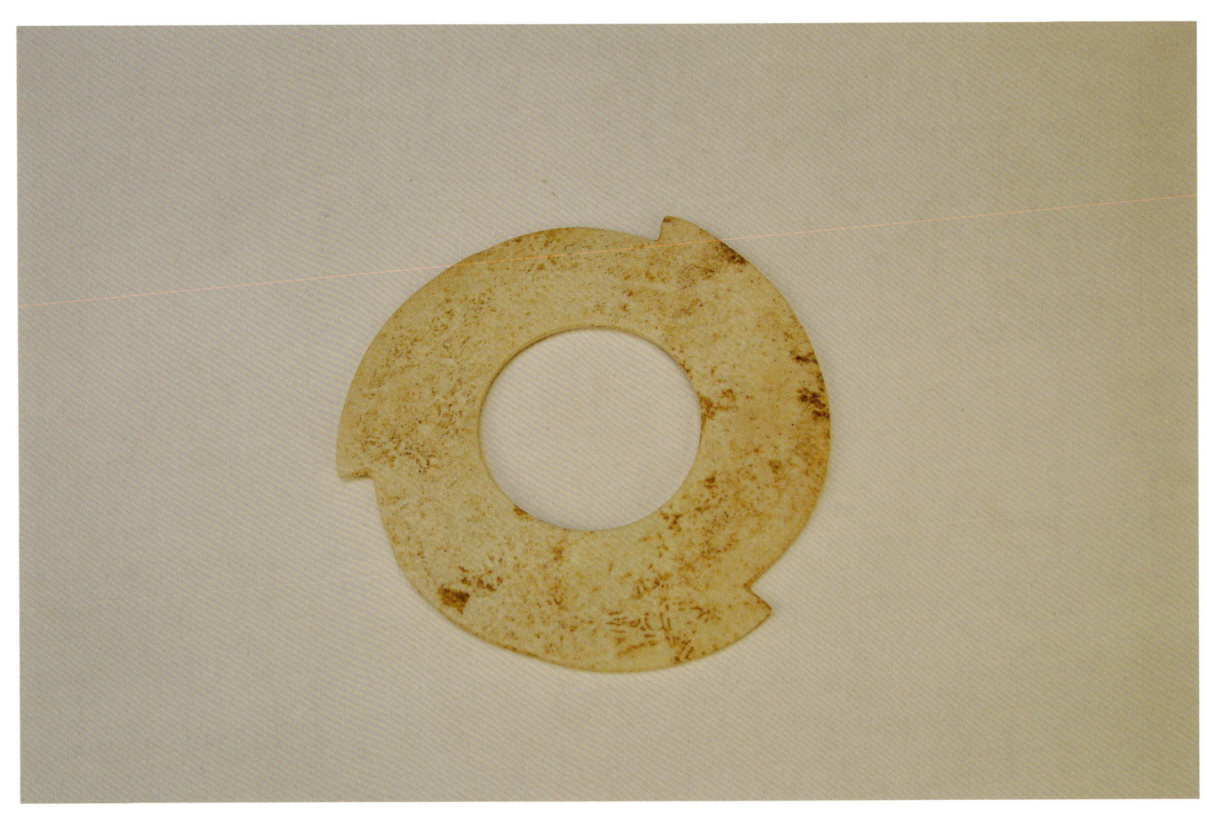

石牙璧 2005JXTⅡT7464③:7
外径 15.3cm 内径 7cm 厚 0.35cm

石器

石钺 79JS62M1424
通长 15cm　通宽 7.8cm　厚 0.5cm

石钺 80JS62M3015:56
通长 16.4cm 通宽 6.8cm 厚 0.4cm

石器

石钺 80JS62M3024:1
通长 12.5cm　通宽 8.2cm　厚 0.5cm

石钺 80JS62M3031：10
通长 13cm 通宽 10.8cm 厚 0.2cm

石 器

石钺 85JS62M3430：1
通长 11cm　通宽 11.5cm　厚 0.2cm

石钺 M2027∶9
通长 15.8cm 通宽 8.5cm 厚 0.6cm

石器

石凿 80JS62M3016:28
通长 10.1cm 通宽 1.4cm 厚 1.1cm

石镞 02JXTⅠT5026⑦
通长 6.5cm 通宽 2.5cm 厚 0.4cm

石器

石镞 03JXTIhT5126H38:1
通长 11.3cm　通宽 3.7cm　厚 0.3cm

中国陶寺遗址出土文物集萃

石镞 78JSⅣT403⑤:5

通长 8cm 通宽 3cm

石 器

石镞 80JS62M3015:9
通长 6.4cm 通宽 1.4cm 厚 0.4cm

中国陶寺遗址出土文物集萃

石镞 80JS62M3015：14 之 14
通长 6.7cm　通宽 1.2cm　厚 0.5cm

石 器

石镞 80JS62M3015:46 之 6
通长 4.4cm 通宽 1.5cm 厚 0.2cm

石镞 80JS62M3015：62 之 2
通长 3.9cm 通宽 1.5cm 厚 0.2cm

石器

石镞 81JS62M3144:5 之 2
通长 5.3cm　通宽 1.1cm　厚 1.1cm

石镞 M3002:3
通长 6.5cm 通宽 1.3cm 厚 0.4cm

双孔刀 M3031∶8
长度 刀背 24.4cm 刃部 25.15cm
宽度 4.3—4.9cm 厚 0.5cm 孔径 0.7—1cm

彩绘高柄豆 M2001:75
残径 10cm　最小柄径 6.8cm　底径 19cm　通高 50cm

漆木器

彩绘木盆 M3015:32 及置于盆内的木斗 M3015:35
M3015:32　口径6.2cm　圈足底径32cm　通高22cm
M3015:35　斗口径9cm　高10cm　壁厚约1cm　柄长(直线长度)101cm　宽4cm　厚1.5cm

彩绘长方形木案 M2001:7
通长 99.5cm　案板宽 38cm　厚 2.5cm
支架高 15cm　厚约 2cm　通高 17.5cm

漆木器

大型朱绘木豆 M1111：2
盆外径 54.6cm 沿宽 12cm 盘心直径 30.6cm 塌陷部位直径 15cm
柄最细处直径 13cm 底径 34.2cm 通高 28.5cm

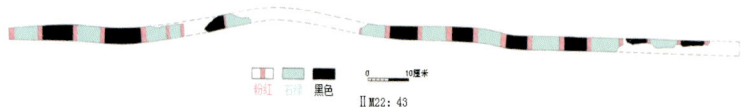

圭尺（复原线图）

圭尺 M22∶43
残长 171.8cm　直径 3cm

漆木器

木俎 M2168:12 及俎上的猪骨与石刀 M2168:11

M2168:12 台板长 44.2cm 宽 31.2cm 厚 4.3cm 卯眼长 6.5cm 宽 4.3cm 足宽 10—10.5cm 厚 4.3cm 高 7.3cm 通高 11.6cm

M2168:11 通长 24.9cm 通高 14.4cm 刀身最宽 5.5cm 刀身最厚 1.3cm 刀柄最厚 1.4cm

鼍鼓 M3015∶15
存高 110cm　上口长径 47cm　短径 38cm
复原直径 43cm　底口直径 56cm　腔壁厚约 2—3cm

漆木器

鼍鼓复原图

中国陶寺遗址出土文物集萃

朱绘木俎 M2001:57
台板长 63cm　宽 32cm　厚 3cm　卯眼长 9.5—10cm
宽 3.5—4cm　足宽 12cm　厚 5.5cm　高 14.5cm　通高 17.5cm

附：陶寺遗址考古研究论著存目

一、1978—2006 年期间论著

（一）田野发掘报告

中国社会科学院考古研究所山西工作队、临汾地区文化局：《山西襄汾县陶寺遗址发掘简报》，《考古》1980 年第 1 期。

中国社会科学院考古研究所山西工作队、临汾地区文化局：《1978—1980 年山西襄汾陶寺墓地发掘简报》，《考古》1983 年第 1 期。

中国社会科学院考古研究所山西工作队、临汾地区文化局：《山西襄汾陶寺遗址首次发现铜器》，《考古》1984 年第 12 期。

中国社会科学院考古研究所山西工作队、临汾地区文化局：《陶寺遗址 1983—1984 年 Ⅲ 区居住址发掘的主要收获》，《考古》1986 年第 9 期。

山西省考古研究所：《陶寺遗址窑址发掘简报》，《文物季刊》1999 年第 2 期。

中国社会科学院考古研究所山西工作队、山西省临汾行署文化局：《山西襄汾县陶寺遗址 Ⅱ 区居住址 1999—2000 年发掘简报》，《考古》2003 年第 3 期。

中国社会科学院考古研究所山西工作队、山西省考古研究所、临汾市文物局：《山西襄汾陶寺城址祭祀区大型建筑基址 2003 年发掘简报》，《考古》2004 年第 7 期。

中国社会科学院考古研究所山西工作队、山西省考古研究所、临汾市文物局：《山西襄汾陶寺城址 2002 年发掘报告》，《考古学报》2005 年第 3 期。

（二）《中国考古学年鉴》报道

《陶寺遗址》，《中国考古学年鉴（1984）》，文物出版社，1984 年，第 83 页。

《陶寺遗址》，《中国考古学年鉴（1985）》，文物出版社，1985 年，第 116 页。

《陶寺遗址》，《中国考古学年鉴（2000）》，文物出版社，2002 年，第 127 页。

《陶寺遗址》，《中国考古学年鉴（2001）》，文物出版社，2002 年，第 117 页。

《陶寺遗址》，《中国考古学年鉴（2002）》，文物出版社，2003 年，第 137 页。

《陶寺遗址》，《中国考古学年鉴（2003）》，文物出版社，2004 年，第 128 页。

《陶寺遗址》，《中国考古学年鉴（2004）》，文物出版社，2005 年，第 124 页。

（三）其他报道

高天麟:《陶寺遗址七年来的发掘工作汇报》,《晋文化研究座谈会纪要》,山西省考古研究所编,1986 年。

杨锡璋:《黄河中游的龙山文化》,《新中国的考古发现和研究》,文物出版社,1984 年,68—85 页。

高炜:《探索晋南"夏墟"的重大考古发现》,《中国画报》1985 年第 3 期。

高炜:《陶寺遗址》,《中国大百科全书·考古卷》,中国大百科全书出版社,1986 年。

宋建忠:《陶寺遗存》,《山西考古四十年》,山西人民出版社,1994 年,100—104 页。

高炜:《陶寺出土文字二三事》,《中国社会科学院古代文明研究中心通讯》第 3 期,2002 年 1 月。

梁星彭:《陶寺遗址发现夯土遗存,专家认为当属城址遗迹》,《中国文物报》2000 年 7 月 16 日第 1 版。

梁星彭、严志斌:《山西襄汾陶寺文化城址》,《2001 年中国重要考古发现》,文物出版社,2002 年。

何驽、严志斌:《黄河流域史前最大城址进一步探明》,《中国文物报》2002 年 2 月 8 日第 1 版。

中国社会科学院考古所等:《陶寺城址发现陶寺文化中期墓葬》,《考古》2003 年第 9 期。

何驽、严志斌、宋建忠:《襄汾陶寺城址发掘显现暴力色彩》,《中国文物报》2003 年 1 月 31 日第 1、2 版。

何驽、严志斌:《2002 年山西襄汾陶寺城址发掘》,《中国社会科学院古代文明研究中心通讯》第 5 期,2003 年 1 月。

中国社科院考古所山西队等:《2003 年陶寺城址考古发掘的新收获》,《中国社会科学院古代文明研究中心通讯》第 7 期,2004 年 1 月。

何驽、严志斌、王晓毅:《山西襄汾陶寺城址发现史前观象祭祀与宫殿遗迹》,《中国文物报》2004 年 2 月 20 日第 1 版。

何驽:《陶寺文化遗址——走出尧舜禹"传说时代"的探索》,《中国文化遗产》创刊号,2004 年 3 月。

王晓毅:《专家论证陶寺大型建筑基址》,《中国文物报》2004 年 12 月 31 日第 7 版。

附：陶寺遗址考古研究论著存目

中国社科院考古所山西队等：《山西襄汾县陶寺城址发现陶寺文化大型建筑基址》，《考古》2004年第2期。

何驽：《山西襄汾陶寺城址2003年考古发现》，《2003中国重要考古发现》，文物出版社，2004年。

张玉兰、段晓叶、周晓文：《唐尧帝都或在山西襄汾》，《文汇报》（香港）2004年11月28日第B6版。

王晓毅：《古城·宫殿·大墓·观象台——唐尧帝都考古新进展》，《文物世界》2004年第3期。

Shanxi Fieldwork Team of the Institute of Archaeology, CASS, Shanxi Provincial Institute of Archaeology: "Monumental Strcuture from Ceremonial Precinct at Taosi Walled-town in 2003", *Chinese Archaeology* Vol.5, 2005. P.51—58.

中国社会科学院考古所等：《2004—2005年山西襄汾陶寺遗址发掘新进展》，《中国社会科学院古代文明研究中心通讯》第10期，2005年8月，58—64页。

广冈孝信：《中国山西省陶寺遗址への调查参加》，《青陵》117号，日本奈良县立橿原考古学研究所编，2005年10月31日。

呆文川：《山西襄汾陶寺发现四千年前"天文台"》，《中国社会科学院院报》2005年10月27日第1版。

王晓毅、严志斌：《山西抢救性发掘陶寺墓地被盗墓葬》，《中国文物报》2005年11月9日第1版。

"Chinese Observatory Gives a Glimpse of the Past", （英国）*Nature* Nov.10, 2005, P.143.

"Bronzezeitliches Observatorium in China", （德国）*Astronomie Heute* Jan/Feb. 2006, P.11.

何驽：《山西襄汾陶寺遗址考古取得重大进展》，《中国社会科学院院报》2006年2月28日第8版。

王晓毅、严志斌：《陶寺中期目的被盗墓葬抢救性发掘纪要》，《中原文物》2006年第5期。

"Bronzezeitliches Observatorium in China", （波兰）*Abenteuer Archäeologie* 1/2006, P.10.

亚军、彭博：《何驽博士解读：陶寺观象台遗址发现前后》，《山西广播电视报·临汾周刊》2006年11月13日第8版。

亚军、彭博：《何驽博士解读：陶寺观象台遗址背后的奥秘》，《山西广播电视报·临汾周刊》2006年11月20日第3版。

（四）测试分析

仇士华、蔡莲珍、冼自强、薄官成：《有关所谓"夏文化"的14C年代测定的初步报告》，《考古》1983年第10期。

张维玺：《陶寺遗址及临近地区古地磁研究》，《考古》1989年第10期。

孔昭宸、杜乃秋：《山西襄汾陶寺遗址孢粉分析》，《考古》1992年第2期。

中国社会科学院考古研究所实验室：《山西襄汾陶寺遗址陶片的测试与分析》，《考古》1992年第2期。

中国社会科学院考古研究所实验室：《陶寺遗址陶器和木器上彩绘颜料鉴定》，《考古》1994年第9月。

李乃胜、何驽、毛振伟、冯敏、王昌燧：《陶寺、尉迟寺白灰面的测试研究》，《分析测试学报》第24卷第5期，2005年9月，9—13页。

中国社会科学院考古研究所山西队：《陶寺中期小城大型建筑基址IIFJT1实地模拟观测报告》，北京大学震旦古代文明研究中心编《古代文明研究通讯》总29期，2006年6月，3—14页。

姚政权、吴妍、王昌燧、何驽、赵志军：《山西襄汾陶寺遗址植硅石分析》，《农业考古》2006年第4期。

（五）考古记述

何驽：《陶寺中期小城内大型建筑IIFJT1发掘心路历程杂谈》，中国社会科学院考古研究所编著《新世纪的中国考古学——王仲殊先生八十华诞纪念文集》，科学出版社，2005年，221—231页。

赵春青：《文明之火，照耀中国》，《中国文物报》2006年2月15日第3版。

（六）论文

1.文化谱系

徐殿魁：《龙山文化陶寺类型初探》，《中原文物》1982年第2期。

高炜、高天麟、张岱海：《关于陶寺墓地的几个问题》，《考古》1983年第6期。

高天麟、张岱海、高炜：《龙山文化陶寺类型的年代与分期》，《史前研究》1984年第3期。

李民：《尧舜时代与陶寺遗址》，《史前研究》1985年第4期。

高炜、张岱海、高天麟：《陶寺遗址的发掘与夏文化的探讨》，《中国考古学会第四次年会论文集》,文物出版社,1983年。

张长寿:《陶寺遗址的发现和夏文化的探索》,《文物与考古论集》,文物出版社,1986年。

王克林:《龙图腾与夏族的起源》,《文物》1986年第6期。

何建安:《从王湾类型、二里头文化与陶寺类型的关系试论夏文化》,《考古与文物》1986年第6期。

苏秉琦:《谈"晋文化"考古》,《文物与考古论集》,文物出版社,1986年。

张彦煌、张岱海:《中原地区龙山文化的类型和年代》,《中国考古学研究——夏鼐考古五十年纪念文集》(第一辑),文物出版社,1986年。

田昌五:《先夏文化探索》,《文物与考古论集》,文物出版社,1986年。

邹衡:《关于探讨夏文化的条件问题》,《华夏文明》(第一集),北京大学出版社,1987年。

刘起釪:《由夏族原居地纵论夏文化始于晋南》,《华夏文明》(第一集),北京大学出版社,1987年。

董琦:《陶寺类型的文化归属》,《山西文物》1987年第1期。

高炜:《试论陶寺遗址与陶寺类型龙山文化》,《华夏文明》(第一集),北京大学出版社,1987年。

黄石林:《再论夏文化问题——关于陶寺龙山文化探讨》,《华夏文明》(第一集),北京大学出版社,1987年。

宁立新:《陶寺墓地及其相关问题》,《太原师专学报》1989年第1期。

张德光:《对探索夏文化的一点看法》,《文物季刊》1989年第1期。

王文清:《陶寺遗存可能是陶唐氏文化遗存》,《华夏文明》(第一集),北京大学出版社,1987年。

刘绪:《简论陶寺类型不是夏文化——兼论二里头文化性质》《史前研究》(辑刊)1990—1991年。

卜工:《庙底沟二期文化的几个问题》,《文物》1990年第2期。

高天麟:《关于庙底沟二期文化及相关的几个问题——兼与卜工同志商榷》,《文物》1992年第3期。

田建文、薛新民、杨林:《晋南地区新石器时代考古学文化的新认识》,《文物季刊》1992年第2期。

罗新、田建文:《陶寺文化再研究》,《中原文物》1991年第2期。

许宏等:《陶寺类型为有虞氏遗存论》,《考古与文物》1991年第6期。

学晋:《丁村新石器时代遗存与陶寺类型龙山文化的关系》,《考古》1993年第

1 期。

高炜:《关于陶寺遗存族属的再思考》,《手铲释天书——与夏文化探索者的对话》,大象出版社,2001 年,331—338 页。

王守春:《尧的政治中心的迁移及其意义》,北京大学古代文明研究中心编《古代文明研究通讯》总第 8 期,2001 年 3 月。

王克林:《陶寺文化与唐尧、虞舜》,《文物世界》2001 年第 1、2 期。

王迅:《五帝时代与夏史迹的考古学观察》,《考古学研究》(五),科学出版社,2003 年。

张之恒:《夏代都城的变迁》,《夏文化研究论集》,中华书局,1996 年。

李元庆:《山西地区新石器时代文化发展的总体概貌》,《三晋文化源流》,山西古籍出版社,1997 年,91—113 页。

解希恭、陶富海:《尧文化五题》,《临汾日报》2004 年 12 月 9 日。

王克林:《陶寺晚期龙山文化与夏文化》,《文物世界》2001 年第 5、6 期。

黄石林:《陶寺遗址乃尧至禹都》,《文物世界》2001 年第 6 期。

王晓毅、丁金龙:《也谈尧舜禅让与篡夺》,《中国文物报》2004 年 5 月 7 日第 7 版。

何驽:《陶寺文化谱系研究综论》,《古代文明》(第 3 卷),文物出版社,2004 年。

张锟、姜宁:《论陶寺文化和三里桥文化的族属》,《文物世界》2005 年第 6 期。

卫斯:《"陶寺遗址"与"尧都平阳"的考古学观察》,中国考古网 2005 年 11 月。

马世之:《虞舜的王都与帝都》,《中原文物》2006 年第 1 期。

2.文物、遗迹研究

高炜:《陶寺龙山文化木器的初步研究——兼论北方漆器的起源问题》,《中国考古学研究:夏鼐先生考古五十周年纪念论文集》(二集),科学出版社,1986 年。

高炜:《陶寺文化玉器及相关问题》,《东亚玉器》,香港中文大学中国考古艺术研究中心,1988 年。

高炜:《龙山时代玉骨组合头饰的复原研究》,《海峡两岸古玉学会议论文专辑》,台湾大学理学院地质科学系,2001 年。

高炜、吴钊:《陶寺遗址出土龙山时代乐器的初步研究》,《中国音乐文物大系·山西卷》,大象出版社,2001 年。

陶富海:《山西襄汾大崮堆山史前石器制造场新材料及其再研究》,《考古》1991 年第 1 期。

附：陶寺遗址考古研究论著存目

高天麟：《黄河流域新石器时代的陶鼓辨析》，《考古学报》1991年第2期。

项阳：《山西商以前及商代特磬的调查与测音分析》，《考古》2000年第11期。

高蕾：《远古磬与夏代磬的研究》，《文物》2003年第5期。

卫斯：《陶寺大墓中的仓形器名实浅说》，《中国文物报》2003年11月28日第7版。

罗明：《陶寺中期大墓M22随葬公猪下颌意义浅析》，《中国文物报》2004年6月4日第7版。

武家璧、何驽：《陶寺大型建筑IIFJT1的天文学年代》，《中国社会科学院古代文明研究中心通讯》第8期，2004年8月。

江晓原：《中国"巨石阵"：具有世界意义的考古新发现——关于山西陶寺城址ⅡFJT1基址的天文学意义》，《中华读书报》2005年11月30日。

周晓陆：《对襄汾陶寺大型建筑基址的几点想法》，北京大学震旦古代文明研究中心编《古代文明研究通讯》总27期，2005年12月。

朱乃诚：《陶寺彩绘龙来源自良渚文化的新证据》，《中国社会科学院古代文明研究中心通讯》第10期，2005年8月。

刘军社：《陶板为砖说》，《中国文物报》2005年11月2日第7版。

陈久金：《试论陶寺祭祀遗址揭示的五行历》，北京大学震旦古代文明研究中心编《古代文明研究通讯》总第30期，2006年9月。

江晓原、陈晓中等：《山西襄汾陶寺城址天文观测遗迹功能讨论》，《考古》2006年第11期。

朱乃诚：《再论陶寺彩绘龙源自良渚文化》，《中原地区文明化进程学术讨论会文集》，科学出版社，2006年。

何驽：《陶寺城址宫殿区发现的陶板功能试析——陶寺文化的陶瓦》，《中原地区文明化进程学术讨论会文集》，科学出版社，2006年。

3. 经济生活

李文杰：《山西襄汾陶寺遗址制陶工艺研究》，《中国古代制陶工艺研究》，科学出版社，1996年。

高天麟：《龙山文化陶寺类型农业发展状况》，《农业考古》1993年第3期。

严志斌：《陶寺文化石制品研究》，《二十一世纪的中国考古学》，科学出版社，2006年。

赵志军、何驽：《陶寺城址2002年度浮选结果及分析》，《考古》2006年第5期。

4. 文字研究

李健民：《陶寺遗址出土的朱书"文"字扁壶》，《中国社会科学院古代文明研究中心通讯》第 1 期，2001 年 1 月。

罗琨：《陶寺陶文考释》，《中国社会科学院古代文明研究中心通讯》第 2 期，2001 年 7 月。

冯时：《文字起源与夷夏东西》，《中国社会科学院古代文明研究中心通讯》第 3 期，2002 年 1 月。

何驽：《陶寺遗址扁壶朱书"文字"新探》，《三代考古》（一），科学出版社，2004 年。

5. 陶寺遗址与中国文明起源

高炜：《陶寺考古发现对探讨中国古代文明起源的意义》，《中国原始文化论集》，文物出版社，1989 年。

高炜：《龙山时代的礼制》，《庆祝苏秉琦考古五十五年论文集》，文物出版社，1989 年。

张岱海：《陶寺文化与龙山时代》，《庆祝苏秉琦考古五十五年论文集》，文物出版社，1989 年。

高炜：《中原龙山文化葬制研究》，《中国考古学论丛》，科学出版社，1993 年。

高炜：《晋西南与中国古代文明的形成》，《汾河湾——丁村文化与晋文化考古学术研讨会文集》，山西高校联合出版社，1996 年。

王克林：《中国古代文明与龙山文化》，《华夏文明》（第一集），北京大学出版社，1987 年。

严文明：《中国王墓的出现》，《考古与文物》1996 年第 1 期。

高炜等：《汾河湾旁磬和鼓》，《苏秉琦与当代中国考古学》，科学出版社，2001 年。

高炜：《龙山时代中原玉器上看到的二种文化现象》，《玉魂国魄——中国古代玉器与传统文化学术讨论会文集》，燕山出版社，2002 年。

梁星彭等：《陶寺城址的发现及其对中国古代文明起源研究的学术意义》，《中国社会科学院古代文明研究中心通讯》第 3 期，2002 年 1 月。

何驽：《陶寺城址南墙夯土层中人骨说明的问题》，《中国文物报》2002 年 3 月 8 日第 7 版。

张德光：《再论陶寺遗址发现的意义》，《文物世界》2003 年 3 期，24—28 页。

王克林:《"中国"一名源河东的考古学观察》,《文物世界》2003年4期,9—14页。

申维辰:《中华文明探源的惊世之现——陶寺考古及尧文化的丰硕成果及重要意义》,《山西日报》2004年2月10日C2版。

何驽:《陶寺:中国早期城市化的重要里程碑》,《中国文物报》2004年9月3日第7版。

侯毅:《从陶寺城址的考古新发现看我国古代文明的形成》,《中原文物》2004年第5期。

何驽:《从陶寺观象台ⅡFJT1相关尺寸管窥陶寺文化长度单位》,《中国社会科学院古代文明研究中心通讯》第10期,2005年8月,22—33页。

王克林:《华夏文明起"河东"初论》,《文物世界》2005年第6期、2006年第1期。

董琦:《论早期都邑》,《文物》2006年6期,56—60页。

赵瑞民、郎保利:《中原地区公共权力形成的可能途径》,《中原地区文明化进程学术讨论会文集》,科学出版社,2006年,175—182页。

王晓毅:《从〈尚书·尧典〉看唐尧时代的天文观》,《山西省考古学会论文集》,山西人民出版社,2006年,74—80页。

胡建:《从陶寺城址的发现谈早期国家的城市模式》,《山西省考古学会论文集》,山西人民出版社,2006年,81—89页。

久保田慎二:《墓から見た陶寺遗迹の性格》,早稻田大学大学院研究科考古谈话会《溯航》第24号,2006年3月,103—109页。

6. 其他

苏秉琦:《关于陶寺遗址发掘报告的整理、编写及相关问题》,《关于编写田野考古发掘报告问题》(节选),《辽海文物学刊》1987年第1期。

杨富斗、薛新民:《苏秉琦先生与晋文化考古》,《苏秉琦与当代中国考古学》,科学出版社,2001年。

王振江:《考古发掘中彩绘木器的清理和起取》,《考古》1984年第3期。

何驽:《开拓"国宝级"珍贵文化遗产大遗址考古与保护的新思路——山西襄汾陶寺遗址近年来考古收获感想谈》,《三代考古》(二),科学出版社,2006年,546—549页。

（七）相关重要著作书目

中国社会科学院考古研究所：《中国考古学中 14C 测年资料（1965—1991）》，文物出版社，1991 年。

董琦：《虞夏时期的中原》，科学出版社，2000 年。

韩建业：《中国北方地区新石器时代文化研究》，文物出版社，2003 年。

苏秉琦：《华人·龙的传人·中国人——考古寻根记》，辽宁大学出版社，1994 年。

谢维扬：《中国早期国家》，浙江人民出版社，1996 年。

王宇信、王震中、杨升南、罗琨、宋镇豪：《中国古代文明与国家形成研究》，云南人民出版社，1997 年。

苏秉琦：《中国文明起源新探》，生活·读书·新知三联书店，1999 年。

王克林：《华夏文明论集》，山西人民出版社，2006 年。

乔建军、陈玉士主编：《龙乡陶寺》，山西人民出版社，2005 年。

韩建业、杨新改：《五帝时代——以华夏为核心的古史体系的考古学观察》，学苑出版社，2006 年。

（以上论著目录源于解希恭主编《襄汾陶寺遗址研究》一书）

二、2007—2017 年论著

2007 年

何嘉宁：《陶寺、上马、延庆古代人群臼齿磨耗速率的比较研究》，《人类学报》2007 年第 2 期，116—124 页。

曹兵武：《从陶寺遗存看中国早期国家之形成——中国早期文明研究札记之五》，《中国文物报》2007 年 1 月 26 日第 7 版。

陈久金：《4000 年前的山西陶寺观象台》，《中国国家天文》2007 年第 3 期。

高江涛：《陶寺遗址聚落形态的初步考察》，《中原文物》2007 年第 3 期。

刘次沅：《新发现的秘鲁古观象台及其与陶寺观象台遗址的比较》，《古代文明研究通讯》总第 34 期，2007 年，1—5 页。

李乃胜等：《陶寺遗址出土的板瓦分析》，《考古》2007 年第 9 期。

潘继安：《陶寺遗址为黄帝及帝喾之都考》，《考古与文物》2007 年第 1 期。

武家璧：《陶寺观象台与"晋"之关系》，《中国文物报》2007 年 2 月 23 日第 7 版。

中国社会科学院考古研究所山西工作队、山西省考古研究所、临汾市文物局：

《山西襄汾县陶寺中期城址大型建筑 IIFJT1 基址 2004—2005 年发掘简报》,《考古》2007 年第 4 期。

何驽:《发掘 4100 年前的历法》,《中国国家天文》2007 年第 4 期。

张雪莲等:《二里头遗址、陶寺遗址部分人骨碳十三、氮十五分析》,《科技考古》(第二辑),科学出版社,2007 年,41—48 页。

蔡大伟等:《陶寺和二里头遗址古绵羊线粒体 DNA 序列多态性分析》,《科技考古》(第二辑),科学出版社,2007 年,35—40 页。

袁靖等:《公元前 2500 年—公元前 1500 年中原地区动物考古学研究——以陶寺、王城岗、新砦和二里头遗址为例》,《科技考古》(第二辑),科学出版社,2007 年,12—34 页。

何驽:《陶寺中期观象台实地模拟观测资料初步分析》,《古代文明》(第 6 卷),文物出版社,2007 年,83—115 页。

曲英杰:《尧舜禹及夏代都城综论》,《从考古到史学研究之路——尹达先生百年诞辰纪念文集》,云南人民出版,2007 年,269—299 页。

葛英会:《破译帝尧名号,推进文明探源》,北京大学震旦古代文明研究中心编《古代文明研究通讯》总第 32 期,2007 年 3 月,1—6 页。

2008 年

李乃胜等:《陶寺遗址陶器彩绘颜料的光谱分析》,《光谱学与光谱分析》2008 年第 4 期,946—948 页。

宋镇豪:《襄汾陶寺遗址的历史学信息》,《中国社会科学院古代文明研究中心通讯》第 15 期,2008 年 1 月,19—28 页。

高江涛:《试论盛期陶寺文化的和合思想(简稿)——由中期大墓 M22 说起》,《中国社会科学院古代文明研究中心通讯》第 15 期,2008 年 1 月,29—32 页。

何驽:《山西襄汾陶寺遗址近年来出土玉石器》,北京大学震旦古代文明研究中心编《古代文明研究通讯》总第 38 期,2008 年 9 月,13—27 页。

中国社会科学院考古研究所山西工作队、山西省考古研究所、临汾市文物局:《山西襄汾县陶寺城址发现陶寺文化中期大型夯土建筑基址》,《考古》2008 年第 3 期。

冯时:《文"邑"考》,《考古学报》2008 年第 3 期。

中国社会科学院考古研究所山西队等:《山西襄汾陶寺遗址 2007 年田野考古新收获》,《中国社会科学院古代文明研究中心通讯》第 15 期,2008 年 1 月,48—50 页。

高江涛等:《山西襄汾陶寺遗址田野发掘又获新成果》,《中国文物报》2008 年 4 月 25 日第 2 版。

王晓毅等:《山西襄汾陶寺遗址新调查一批石制品》,《中国文物报》2008 年 8 月 27 日第 2 版。

武家璧、陈美东、刘次沅:《陶寺观象台遗址的天文功能与年代》,《中国科学 G 辑:物理学力学天文学》2008 年第 9 期,1265—1272 页。

久保田慎二:《陶寺文化の成立とその背景——土器分析を中心に》,《中国考古学》第八号,2008 年 11 月 22 日,79—102 页。

2009 年

武家璧、陈美东、刘次沅:Astronomical function and date of the Taosi Observatory. *Sci China Ser G-Phys Mech Astron* Jan. 2009, vol, 52, no. 1, P. 1-8

王俊、马昇:《山西发现"土鼓"初论》,《鹿鸣集——李济先生发掘西阴遗址八十周年山西省考古研究所侯马工作站五十周年纪念文集》,科学出版社,2009 年,122—141 页。

张雅军等:《陶寺中晚期人骨的种系分析》,《人类学学报》2009 年第 4 期。

何驽:《陶寺文化长度基元初探》,《鹿鸣集——李济先生发掘西阴遗址八十周年山西省考古研究所侯马工作站五十周年纪念文集》,科学出版社,2009 年,142—155 页。

刘次沅:《陶寺观象台遗址的天文学分析》,《天文学报》2009 年第 1 期。

宫本一夫:《陶寺文化与铜铃》,《鹿鸣集——李济先生发掘西阴遗址八十周年山西省考古研究所侯马工作站五十周年纪念文集》,科学出版社,2009 年,156—159 页。

何驽:《都城考古的理论与实践探索——从陶寺城址和二里头遗址都城考古分析看中国早期城市化进程》,《三代考古》(三),科学出版社,2009 年,3—58 页。

何驽:《山西襄汾陶寺城址中期王级大墓 IIM22 出土漆杆"圭尺"功能试探》,《自然科学史研究》2009 年 3 期,261—276 页。

郭智勇:《从考古材料看陶寺远古社会的阶级差别》,《鹿鸣集——李济先生发掘西阴遗址八十周年山西省考古研究所侯马工作站五十周年纪念文集》,科学出版社,2009 年,160—166 页。

胡建:《陶寺文化聚落环境资源分析——试以襄汾丁村与陶寺遗址比较》,《而立集——山西大学考古专业成立三十周年纪念文集》,科学出版社,2009 年,93—102 页。

何驽:《从陶寺遗址考古收获看中国早期国家特征》,《中国社会科学院古代文明研究中心通讯》第 18 期,2009 年 8 月,32—38 页。

彭邦本:《陶寺古城——唐虞联盟与夏初中心都邑》,《中国社会科学院古代文明研究中心通讯》第 18 期,2009 年 8 月,39—45 页。

张国硕:《论陶寺文化发展过程中的异变》,《中国社会科学院古代文明研究中心通讯》第 18 期,2009 年 8 月,46—49 页。

田建文:《陶唐氏、唐国与鳄、鄂》,北京大学震旦古代文明研究中心编《古代文明研究通讯》总 40 期,2009 年 3 月。

柴明珠:《山西襄汾陶寺遗址保护与展示初探》,《大遗址保护良渚论坛文集》,浙江古籍出版社,2009 年,247—252 页。

徐凤先:《"陶寺史前天文台的考古天文学研究"项目组春分观测纪行》,《中国科技史杂志》第 30 卷第 2 期(2009 年),265—268 页。

2010 年

宋建忠:《良渚与陶寺——中国历史南北格局的滥觞》,《文物》2010 年第 1 期。

韩建业:《良渚、陶寺与二里头——早期中国文明的演进之路》,《考古》2010 年第 11 期。

徐顺湛:《临汾龙山文化陶寺类型聚落群研究》,《中原文物》2010 年第 3 期。

何驽:《陶寺出土铜齿轮形器功能辨析》,《中国文物报》2010 年 3 月 19 日第 7 版。

张国硕:《陶寺文化性质与族属探索》,《考古》2010 年第 6 期。

朱冰:《陶寺毛笔朱书文字考释》,《中国文物报》2010 年 12 月 24 日第 6 版。

2011 年

姚大全等:《山西襄汾陶寺古遗址自然变形遗迹的发现及其意义》,《地震学报》2011 年第 4 期。

赵春燕等:《山西省襄汾县陶寺遗址出土动物牙釉质的锶同位素比值分析》,《第四纪研究》2011 年第 1 期。

博凯龄:《中国新石器时代晚期动物利用的变化个案探究——山西省龙山时代晚期陶寺遗址的动物研究》,《三代考古》(四),科学出版社,2011 年,129—182 页。

张雅军等:《山西陶寺遗址出土人骨的病理和创伤》,《人类学学报》2011 年第 3 期。

何驽：《2010年陶寺遗址群聚落形态考古新进展》，《中国社会科学院古代文明研究中心通讯》第21期，2011年，46—57页。

高江涛：《陶寺遗址与二里头遗址聚落形态之比较研究》，《三代考古》（四），科学出版社，2011年，120—128页。

何驽：《陶寺圭尺"中"与"中国"概念由来新探》，《三代考古》（四），科学出版社，2011年，85—119页。

王树芝等：《陶寺遗址出土木炭研究》，《考古》2011年第3期。

何驽：《陶寺文化原始宗教信仰蠡测及其特点试析——陶寺出土的艺术品与原始宗教》，《殷墟与商文化——殷墟科学发掘80周年纪念文集》，科学出版社，2011年，295—327页。

鲁晓珂等：《陶寺遗址龙山时代黑色陶衣的研究》，《中国科学：技术科学》2011年第7期，906—912页。

彭邦本：《陶寺古城——唐虞联盟与夏初中心都邑》，沈长云、张翠莲主编：《中国古代文明与国家起源学术研讨会论文集——河北·易县·清西陵》，科学出版社，2011年，125—131页。

何驽：《从陶寺遗址考古收获看中国早期国家特征》，沈长云、张翠莲主编：《中国古代文明与国家起源学术研讨会论文集——河北·易县·清西陵》，科学出版社，2011年，141—155页。

张国硕、魏继印：《试论陶寺文化的性质与族属》，沈长云、张翠莲主编：《中国古代文明与国家起源学术研讨会论文集——河北·易县·清西陵》，科学出版社，2011年，156—162页。

朱乃诚：《三论陶寺彩绘龙源自良渚文化》，沈长云、张翠莲主编：《中国古代文明与国家起源学术研讨会论文集——河北·易县·清西陵》，科学出版社，2011年，132—140页。

何驽：《山西襄汾陶寺遗址铜器群及其相关问题初探》，《古代文明研究通讯》第51期，2011年，23—38页。

2012年

陈相龙等：《陶寺遗址家畜饲养策略初探：来自碳、氮稳定同位素的证据》，《考古》2012年第9期。

高天麟：《庙底沟二期文化、陶寺文化研究中的问题续谈》，山西省考古研究所编：《有实其积——纪念山西省考古研究所六十华诞文集》，山西人民出版社，2012年，267—276页。

梁星彭：《陶寺城址发现的回顾》，山西省考古研究所编：《有实其积——纪念山西省考古研究所六十华诞文集》，山西人民出版社，2012年，56—58页。

李健民：《陶寺遗址出土的玉石钺及相关问题》，山西省考古研究所编：《有实其积——纪念山西省考古研究所六十华诞文集》，山西人民出版社，2012年，277—280期。

印群：《谈尧舜并都与文明要素之发展》，宋领豪编：《汤风濩韵——全国首届商汤文化学术研讨会论文集》，中国社会科学出版社，2012年，231—235页。

田建文：《山西土鼓检索》，山西省考古研究所编：《有实其积——纪念山西省考古研究所六十华诞文集》，山西人民出版社，2012年，281—285页。

2013年

王小娟、王晓毅：《山西襄汾陶寺遗址陶土成分分析》，《考古与文物》2013年第2期。

孙洋等：《陶寺遗址古代黄牛的母系遗传研究》，《农业考古》2013年第4期。

牛世山：《陶寺城址的布局与规划初步研究》，《古代文明研究通讯》2013年第57期，1—12页。

李拓宇等：《临汾盆地陶寺遗址附近全新世黄土剖面的环境指标分析》，《北京大学学报》（自然科学版）2013年第4期。

李拓宇等：《山西襄汾陶寺都邑形成的环境与文化背景》，《地理科学》2013年第4期。

中国社会科学院考古研究所山西队等（高江涛、何驽）：《2012年度陶寺遗址发掘的主要成果》，《中国社会科学院古代文明研究中心通讯》2013年第24期，60—63页。

李平：《陶寺出土乐器与中国早期的礼乐文明》，《文物世界》2013年第1期。

2014年

王增林、何驽：《陶寺遗址出土泥质陶器的中子活化分析与研究》，《南方文物》2014年第3期。

赵春燕、何驽：《陶寺遗址中晚期出土部分人类牙釉质的锶同位素比值分析》，《第四纪研究》2014年第1期。

蔡明：《陶寺遗址出土石器的微痕研究》《华夏考古》2014年第1期。

韩宝宁：《陶寺彩绘陶器的保护修复》，中国社会科学院考古研究所文化遗产保护研究中心编：《文物保护修复理论与实践——金石匠学之路》，科学出版社，2014

年,149—168 页。

徐峰:《石峁与陶寺考古发现的初步比较》,《文博》2014 年第 1 期。

曹艳朋:《试论陶寺文化的分期与类型》,河南省文物考古学会编:《河南文物考古论集》(五),大象出版社,2014 年,29—48 页。

罗永顺:《对陶寺遗址社会特征的探讨》,江西省博物馆编:《江西省博物馆集刊》(五),文物出版社,2014 年,182—189 页。

田建文:《陶寺古城与尧都平阳》,佟柱臣纪念文集编委会编:《无限悠悠远古情——佟柱臣先生纪念文集》,科学出版社,2014 年,355—364 页。

高江涛、何努:《陶寺遗址出土铜器初探》,《南方文物》2014 年第 1 期。

李健民:《陶寺遗址出土的朱书文字扁壶》,杜勇主编:《叩问三代文明——中国出土文献与上古史国际学术研讨会论文集》,中国社会科学出版社,2014 年,1—3 页。

翟少冬:《山西襄汾大崮堆山遗址石料资源利用模式初探》,《考古》2014 年第 3 期。

2015 年

魏国锋等:《陶寺、殷墟白灰面的红外光谱研究》,《光谱学与光谱分析》2015 年第 3 期,613—616 页。

赵春燕:《先秦时期中原地区都城遗址人口迁移的初步研究——以陶寺遗址与二里头遗址为例》,《中华之源与嵩山文明研究》(第 2 辑),科学出版社,2015 年,233—239 页。

苏家寅:《陶寺文化二题》,《殷都学刊》2015 年第 4 期,50—57 页。

李伯谦:《略论陶寺遗址在中国古代文明演进中的地位》,《华夏考古》2015 年第 4 期。

王震中:《陶寺与尧都:中国早期国家的典型》,《南方文物》2015 年第 3 期。

刘铮:《从陶寺遗址看"唐伐西夏"》,《四川文物》2015 年第 2 期。

翟少冬:《陶寺遗址石制品复制实验与磨制工艺》,《人类学学报》2015 年第 2 期。

中国社会科学院考古研究所山西队、山西省考古研究所:《山西襄汾县陶寺遗址Ⅲ区大型夯土基址发掘简报》,《考古》2015 年第 1 期。

中国社会科学院考古研究所山西队等:《2013—2014 年山西襄汾陶寺遗址发掘收获》,《中国社会科学院古代文明研究中心通讯》第 28 期,2015 年,54—66 页。

李政:《陶寺遗址重要考古成果在京分布》,《中国文物报》2015 年 6 月 19 日第

1版。

中国社会科学院考古研究所、山西省临汾市文物局编著:《襄汾陶寺:1978—1985年考古发掘报告》(中国田野考古报告集,考古学专刊,丁种第五十五号)文物出版社,2015年。

2016年

王震中:《中国早期国家——陶寺都邑邦国研究》,教育部人文社会科学重点研究基地、清华大学出土文献与中国古代文明研究中心、清华大学出土文献研究与保护中心编:《出土文献与中国古代文明——李学勤先生八十寿诞纪念论文集》,中西书局,2016年,481—502页。

翟少冬:《陶寺遗址石器生产的产能分析》,《南方文物》2016年第2期。

高江涛:《陶寺遗址出土多璜联璧初探》,《南方文物》2016年第4期。

苏家寅:《史前社会复杂化理论与陶寺文化研究》(古代历史文化研究辑刊,第十五编),台湾花木兰文化出版社,2016年。

2017年

何驽:《陶寺遗址ⅡM26出土骨耜刻文试析》,《考古》2017年第2期。

崔天兴:《陶寺文化彩绘蟠龙纹浅析》,《北方文物》2017年第3期。

陈治军:《陶寺遗址出土"家有"骨刻辞的意义》,《殷都学刊》2017年第3期。

王学军:《山西陶寺遗址考古发现早期宫城》,《中国文物报》2017年6月27日第3版。

李进:《关于田野考古发掘的认识——以陶寺文化早期城址发掘为例》,《怀化学院学报》2017年第1期。

王小娟:《晋南地区新石器末期考古学文化》,《中原文物》2017年第2期。

何驽:《陶寺遗址石器工业性质分析》,中国社会科学院考古研究所、夏商周考古研究室编:《三代考古》(七),科学出版社,2017年,355—365页。

高江涛:《试析陶寺遗址的"毁墓"现象》,中国社会科学院考古研究所、夏商周考古研究室编:《三代考古》(七),科学出版社,2017年,345—354页。

后 记

陶寺遗址于1958年文物普查时发现，1978年开始正式考古发掘。迄今，陶寺遗址发现60年，发掘40年。40年的科学发掘历程，几代考古人的辛勤工作，一座4000多年前的宏伟都城呈现在世人面前，而这座都城又与光被四表的尧帝密切相关。

陶寺遗址发现有城墙、宫城、墓地、仓储区、手工业作坊区、普通居民区等明显的各种功能区，是中国史前时期"都城要素最完备"的一座约280万平方米的大型城址；陶寺遗址发现有面积分别达4万平方米和2万平方米的早、中期墓地，并发掘了早期墓地1309座墓葬，是中国迄今同时期墓葬规模最大、发掘数量最多的遗址；陶寺遗址发现有中国最早的"观象台"，也是世界上具有系统完整观测功用的最早观象台。2013年至2017年，历经5年持续不断的发掘，发现了面积近13万平方米的规模宏大的宫城及其形制特殊、结构复杂、防御色彩浓厚、史前罕见的城门址，是目前考古发现的中国最早的宫城，并使陶寺"城郭之制"完备，成为中国古代重要都城制度内涵的源头，对后世影响深远悠长。

陶寺王墓、宫城、宫室建筑等所体现的"王权"社会，各类精美玉器、彩绘陶器（如龙盘）、漆木器以及鼍鼓、石磬等礼乐器所反映的"礼制"文明，器类不一的铜铃、铜盆口沿、铜齿轮形器、铜环、铜蟾蜍等多件最早出现的"铜器群"，这些均与夏、商、周三代文明以及逐渐形成的华夏文明特质具有最明显的传承关系或言一脉相承，是华夏文明这颗参天大树众多根脉中的"主"根。陶寺观象台以及王墓"圭尺"研究表明的4000多年前人们的"地中"观念，陶寺聚落形态研究表明的已进入社会形态的"国家"时期，这些使陶寺成为原始意义上的"最初中国"。总之，可以说陶寺是"最初中国、华夏主脉"。

然而，几十年来却缺乏这么一本集中体现陶寺重要性和重要发现的出土文物图录，于是在陶寺考古发掘40年之际，我们萌生了出版这么一本图录的想法。图录的出版得到了单位领导和相关前辈先生的大力支持，也得到了临汾市人民政府的倾力资助。众人拾柴火焰高，编撰人员热情高涨，在时间紧任务重的情况下，从

4000多件文物中拣选出300余件代表性文物，并由何努先生撰写了综述性的论文，再在书后附上近40年研究陶寺的论文目录。这本图录倾注编著者诸位先生大量的时间和精力，实际上是田野考古发掘之余"加班加点"的结果。书中难免有错误与不足，如个别文物分散在不同地方的博物馆展览，无法对文物重新拍照，只得使用简报资料中的照片。

　　此外，本书责任编辑天津古籍出版社第一编辑室主任赵娜编审为此付出辛勤劳动，在此一并致谢！

编者

2018年6月3日于山西陶寺